ELOGIOS ADICIONALES AL LIBRO
## 5 REGALOS *para una Vida Abundante*

"Del interior al exterior, Diane inicia con gracia a sus lectores en un enfoque integrado hacia la manifestación de una vida abundante."

> —**MICHAEL BECKWITH** Fundador y Director Espiritual del Centro Espiritual Internacional Ágape Culver City, California *www.agapelive.com*

"Diane Harmony personaliza y articula 'Lo Mejor de lo Mejor' de los principios de abundancia y prosperidad en su libro y taller *5 REGALOS para una Vida Abundante*. Cuando te abras a las posibilidades infinitas reveladas en este libro de Diane, prepárate para tener cambios inimaginables en tu vida. El amor, sabiduría y poder en Diane te asistirán a experimentar una magnífica transformación en tu vida. Yo soy una mariposa que lo comprobó. ¡Gracias, Diane!"

> —**STEVE VIGLIONE** Fundador y CEO, The I AM Foundation (La Fundación YO SOY)

"*5 REGALOS para una Vida Abundante* es una obra maestra para atesorar en años venideros. Es transformadora, poderosa, reveladora y práctica. Una herramienta esencial para todos. ¡La recomiendo ampliamente!"

> —**MICHELLE MORRIS SPIEKER** Autor de *The Cherished Self*

"*5 REGALOS para una Vida Abundante* es una lectura que ayudara enriquecer a todos aquellos que quieren experimentar mayor abundancia!"

> —**REV. DR. CHRISTIAN SORENSEN**, Líder Espiritual de Seaside Centro para la Vida Espiritual, y expresidente de la asociación mundial de *Centros Unidos Para la Vida Espiritual* (U.C.R.S.)

# 5 Regalos
## para una
# Vida
# Abundante

## Creando una Consciencia
## de Riqueza

# DIANE HARMONY

UNIVERSAL HARMONY HOUSE
Del Mar, California

Universal Harmony House
2658 Del Mar Heights Rd. #199
Del Mar, CA 92014
www.5GIFTS.com

Editado por Mo Rafael

Traducción al español
Por el Equipo de Ciencia de la Mente México
Blanca Lezama, RSc.P. Traducción directa
Noemí Atamoros, RSc.P. Revisión de estilo
Rev. Rebeka Piña, Revisión final

Josefina C. De Los Santos, Revisión final

Cubierta y diseño interior: Suzanne Albertson

Harmony, Diane 1942–
   5 REGALOS para una vida abundante: crear una consciencia de riqueza /
Diane Harmony – 1ª ed. – Encinitas, Calif. : Universal Harmony, 2004.
   p.  cm.
   ISBN: 0-9742749-2-5
   1. Auto-actualización (Psicología) – Aspectos Religiosos. 2. Éxito – Aspectos
Religiosos. 3. Vida Espiritual. 4. Espiritualidad. I. Título. II. Cinco REGALOS
para vida abundante.

BF637.S4 H37 2004                                        2003096407
158.1—dc22                                               0401

**El libro 5 REGALOS está disponible con descuento
en cantidades especiales, por compras en volumen,
para promociones de venta, propósitos de REGALO,
premios, reunión de fondos o uso educativo.**

Este libro está dedicado a mi fuente
Vida abundante e ilimitada:
Mis nietos J, Sassy y Ella

Y a la memoria de la
Rev. Margaret Wright

La imprenta y producción de este libro
fue hecha con fondos de la Hefferlin Foundation,
una corporación religiosa sin fines de lucro
que se dedica a la promulgación y enseñanza
de Ciencia de La Mente segun producida
por el autor, Ernest Holmes.

# Agradecimientos

$\mathcal{S}$e necesita una tribu para escribir un libro. Las oraciones, ánimo, contribuciones técnicas, amor y elevación emocional de tantos ángeles visibles e invisibles guiados, a cada paso, por el largo camino hacia el cumplimiento de esta visión.

Mi más profundo REGALO de GRATITUD a mi querida amiga y socia Vivianne Thomas, por su preciosa amistad, su visión inquebrantable, su compromiso incondicional, y su dedicación a 5 REGALOS para una Vida Abundante, como curso y como libro. Doy gracias a mi editor Mo Rafael, por su claridad, instrucción y brillante trabajo de corrección editorial. A mi hija Shannon Geisbert por su hermosa presencia y disposición incondicional para llevar a cabo una series de tareas de comunicación. Por su ánimo y por las brillantes relaciones públicas proporcionadas a esta Idea Divina, le estoy por siempre agradecida.

Mi más profundo agradecimiento al círculo de oración en correo electrónico de mujeres amigas, quienes dieron el REGALO de la oración semanal para este proyecto: Karen Axnick, Rev. Dr. Sage Bennet, Tina Fox, Mo Rafael, Michelle Spieker, Joan Thornton, Michelle Tiernan, Vivianne Thomas, y Rev. Margaret Wright. Y a aquellas queridas almas bendecidas que revisaron el manuscrito y compartieron su sabiduría: mis hijos Shannon, Dr. Mindy Nagle, Polly Peterson y John and Lisa Nagle, mi hermana, Gail Gulliksen, mi amiga editora Sheri Penney, Rev. Dr. Michael Beckwith, Rev. Dr. Christian Sorensen, Gena Garrett Momyer, Karen Pitt, Tina Fox, Peggy Reynolds, Rev. Margaret Wright . . . ¡Gracias!

A los estudiantes y Facilitadores Certificados del curso 5 REGALOS para una Vida Abundante, impartido alrededor del país, mi GRATITUD por vivir estos REGALOS y, a través de sus propias transformaciones de consciencia, validar la fuerza de esta obra.

Mi GRATITUD al maravilloso C.O.R.E de Visión, de Universal Harmony Inc., lo cual permite expandir, en forma continuada, la idea de Dios manifestada en esta obra para ser revelada por medio de ellos: Kevin Finneran, Shannon Geisbert, Carolyn and Ray Holder, Elaine Lyttleton, Mollie Malone, Diane McCourtney, Karin O'Mahony, Mo Rafael, Jed Staley, Vivianne Thomas and Paul Lloyd Warner.

Y finalmente, gracias a ti Suzanne Albertson por traer este libro a la vida.

# Contenido

# *Prólogo*

n 1976 hice la promesa al Señor de mí ser, el dios dentro de mí, de ser 100% responsable por la transformación de la consciencia de abundancia en el Planeta Tierra.

Desde entonces y durante todos estos años he sido una estudiante y maestra de las leyes espirituales de la abundancia, esos principios infalibles que gobiernan la demostración del abastecimiento infinito para satisfacer nuestras necesidades y deseos. Hay poderosos REGALOS disponibles para cada uno de nosotros y lo único necesario es reclamarlos, lo he comprobado en mi propia vida. Por ello estoy eternamente agradecida.

Hemos tenido grandes y poderosos maestros. Particularmente, estoy agradecida con Charles y Myrtle Fillmore, Ernest Holmes, Catherine Ponder, John Rankin, Sig Paulsen, Paula McClellan, Harriet Vallier, John Randolph y Jan Price, y ahora... Diane Harmony

En *5 REGALOS para una Vida Abundante,* Diane nos da a todos nosotros un REGALO muy especial. Nos ofrece un fresco y vibrante camino para que, a su debido tiempo, honrar los principios de prosperidad. Nos ayuda a ver con nuevos ojos, a actuar con más profunda comprensión. Es un honor que se me haya pedido escribir este prólogo.

Así que, aquí está...

Mi oración es: seas bueno contigo y asimiles esta información tan cuidadosa y encantadoramente presentada por Diane Harmony.

Tu trabajo es tomar acción, sacudirte la flojera y seguir las sugerencias. Te invito a leer este libro y trabajarlo. Haz tu parte, ora y mantén muy en alto la mejor expectativa.

Llego la hora que abras tus 5 REGALOS y celebres la vida que deseas y mereces, con un sentimiento de admiración por la gracia del amor universal.

Tu futuro está absolutamente al alcance de tus manos en este maravilloso manual de instrucciones. Si te amas lo suficiente para abrir estas páginas entonces tienes lo necesario para seguirlo hasta el final con aprecio y GRATITUD por la generosidad de la autora para compartirlo con todos nosotros.

Abundantes Bendiciones,
Edwene Gaines

*Director Propietario de Rock*
*Ridge Retreat Center*
*Ministro de Unity, Directora,*
*The Masters' School*

# Prefacio

ivimos en un Reino Completo. Todo lo que pudiéramos querer, necesitar o desear ya está hecho . . . o en una idea en proceso de crearse. Se nos ha dicho a través de las épocas, "Es el placer de Dios darnos el Reino." Vivimos en un universo amigable diseñado para apoyarnos. Somos descendientes directos de la Fuente Infinita de Todo Bien.

Hay un lugar dentro de ti y de mí, donde esta verdad está viva y bien. Este lugar es el hogar de nuestra Naturaleza Divina. Es la fuente de nuestro deseo de experimentar una vida de prosperidad, afluencia y satisfacción. Este anhelo va más allá de un mandato del ego para ser feliz y exitoso en el mundo, aunque usualmente somos felices al vivir una Vida Abundante. Yo creo que es un llamado verdadero de la Presencia de Dios en nosotros para expresar más completamente la verdad de nuestro ser. Este libro es mi invitación a permitirte sentir ese profundo anhelo en tu interior de expresar y vivir plenamente en completo apoyo, con buena salud, abundancia en finanzas, relaciones íntegras y gratificantes, y muchas oportunidades para dar tus REGALOS únicos a otros.

Los 5 REGALOS aquí compartidos se basan en la sabiduría intuida por mí del Poder Divino al cual llamo Dios, el Dios dentro de mí y dentro de ti. Puedes no creer en Dios, incluso puedes no creer tampoco en un Poder Superior; o quizás tu Dios está en los cielos, separado de ti, de los animales, las plantas y las estaciones. Tu Dios puede tener un nombre distinto . . . Espíritu, Inteligencia Divina, Intuición, Vida, Corazón Sagrado, Alá, Mana, Krishna, u otro. Cuando uso el término Dios me estoy refiriendo al Espíritu Invisible que se complace en "darnos el Reino." (Por favor lee estas páginas usando cualquier nombre que desees para la Única Fuente).

Si reconocemos a Dios como Íntegro, Perfecto y Completo, sería imposible atribuirle al Espíritu cualquier idea de escasez, limitación, enfermedad, dolor o pobreza. Si vamos más allá y nos reconocemos como expresiones divinas entonces, se deduce fácilmente, estaríamos fuera de alineamiento con nuestra naturaleza espiritual si tenemos cualquier idea de escasez o limitación.

Sugiero que reconozcamos y aceptemos estas bases completamente, y nos demos cuenta que es nuestra propia naturaleza ser la Abundancia de Dios. (Ser la Abundancia de Dios significa creer en, confiar, expresar y sabernos a nosotros mismos como la Abundancia de Dios).

Cuando estamos de acuerdo con la base de que somos expresiones de la Abundancia de Dios, ¿Qué podemos hacer con las viejas creencias en las que hemos puesto nuestra fe hasta ahora? ¿Qué hacer con creencias con las que hemos demostrado repetidamente experiencias en nuestras vidas de "no suficiencia," como pobreza financiera (dinero), enfermedad (salud), relaciones codependientes e insatisfactorias (amor a uno mismo y a otros), empleos insuficientes que sólo pagan las cuentas (satisfacción en profesiones donde mostramos nuestros dones y talentos), para mencionar sólo algunas.

Simplemente las liberamos. Al saber que hemos intentado todas las formas para "hacerlas funcionar." finalmente nos permitimos soltarlas. Liberamos con amor todas aquellas creencias e ideas limitadoras. Y las liberamos con GRATITUD por la forma en que nos sirvieron hasta ahora, consciente e inconscientemente. Al liberar nuestras ideas restrictivas recuperamos el poder sobre nuestras vidas. Nos liberamos a nosotros mismos de la ilusión de lo insuficiente.

El proceso de liberarnos a nosotros mismos de esta ilusión tiene todos los elementos para un viaje de aventura. Este libro es una guía para ese viaje—desde estas creencias limitadoras a una consciencia de riqueza. Es el viaje más grandioso que la vida puede ofrecerte por los REGALOS transformadores que recibimos a lo largo del camino. Hay cinco de ellos ... de aquí el título del este libro, *5 REGALOS para una Vida Abundante*.

La palabra GIFTS (REGALOS) es iqual como decir en inglés los cinco principios básicos que encontramos durante nuestro viaje: GRATITUD, Intentions (INTENCIONES), Forgiveness (Perdón), Tithing (DIEZMO) y Surrender (RENDICIÓN). Los llamo REGALOS porque estos principios espirituales nos abren a una consciencia de la abundancia, que es nuestra Naturaleza Divina. Cuando recibimos los 5 REGALOS cambiamos nuestra comprensión limitada (en la mente de nuestras mentes) de estos ricos principios espirituales, a una de completa aceptación y entendimiento intuitivo de ellos (en la Mente de nuestros Corazones). Este viaje de la cabeza al corazón es el más corto y el más fantástico viaje de nuestras vidas. Al cambiar nuestro punto focal de la mente de la mente (el pensador racional) a la Mente del Corazón (nuestro conocimiento intuitivo), reestructuramos la percepción de todo, incluyendo la definición de nosotros mismos. Este viaje nos lleva del pensamiento de carencia al conocimiento de la abundancia; de la aparente separación de nuestra Fuente, a la aceptación de nuestro destino divino, como revelaciones vivientes del abastecimiento infinito y amor incondicional de Dios.

GRATITUD ... INTENCIONES ... PERDÓN ... DIEZMO ... RENDICIÓN ¿Por qué específicamente estos REGALOS? Porque cada uno de estos REGALOS ha sido cuidadosamente "examinado y comprobado" por su poder para cambiar la consciencia. De igual forma, los místicos antiguos y modernos, sin importar la raíz de su tradición, han propuesto consistentemente estos cinco principios como disciplinas esenciales de cualquier práctica espiritual. Podemos usar estos principios espirituales para cambiar nuestras creencias y, como resultado directo, cambiaremos las experiencias en nuestras vidas.

Como seres espirituales tenemos el poder de cambiar nuestras condiciones aparentes. En otras palabras, podemos usar nuestros ojos y oídos interiores para ver y oír más allá de lo percibido por nuestros cinco sentidos. ¿Pero cómo podemos activar estos sentidos interiores? Al poner en práctica los 5 REGALOS – esto es, al recibirlos y darlos.

GRATITUD, INTENCIONES, PERDÓN, DIEZMO y RENDICIÓN tienen el poder de transformar nuestra experiencia de vida, permitiéndonos conectar conscientemente con el vasto plano invisible que esta más allá del mundo finito "el de los sentidos." Estos 5 REGALOS nos habilitan a abrazar la Realidad multidimensional de la Vida (sin negar, minimizar, o anular cualquiera de los hechos de nuestra realidad tridimensional). En esta Realidad no nos distraen las "apariencias" de la condición humana. En esta consciencia, estamos inmersos en la Sabiduría Divina y sabemos quienes somos realmente. Somos Espíritu… Amor, Belleza, Armonía, Alegría, Abundancia, Paz.

Llegó el tiempo para dar el salto en consciencia, de vidas dirigidas por creencias autos limitantes, basados en información sensorial, a vidas guiadas por las posibilidades de la visión más amplia de nuestras almas. Es ya hora de hacer el viaje de la "mente de la mente" a la "Mente del Corazón." Nuestro destino, el cual descubriremos que será nuestra mayor dicha, es saber que ya vivimos en el Reino de la Plenitud.

Mi INTENCIÓN es darte poder para recibir y aceptar los 5 REGALOS, como el vehículo para tu viaje. Te invito a liberar cualquier idea de que el camino tiene que ser muy duro, de no ser lo suficientemente fuerte, capaz, joven o maduro, iluminado o bueno para comenzar. En cambio vive en la expectativa de que este viaje transformador va a ser algo divertido y lleno de alegría... ¡Qué REGALO tan grande te darás a ti mismo.

Con abundantes bendiciones,

Diane Harmony

P.D. Quiero compartir contigo algo acerca de ciertas palabras, frases y metáforas que usé a lo largo de este libro. En primer lugar, las palabras "aparentemente," "aparente," "apariencia" y "parecer" están en su sentido más literal —algo que se pasa desapercibido con frecuencia. De acuerdo al Diccionario Webster, Décima Edición, apariencia significa "evidencia externa, semblanza, aspecto externo." Es mi INTENCIÓN en este libro asistirte a abrir tu consciencia a la extrema limitación de nuestro mundo finito de apariencia, porque somos en verdad seres de posibilidades infinitas. Somos mucho más que nuestro aspecto sensorial de "hacer." Somos *ser-es* humanos, dotados con un enorme poder espiritual para trascender las apariencias registradas por nuestros cinco sentidos.

En segundo lugar, encontrarás que yo uso todas las formas del verbo "nombrar" (etiquetar) a lo largo de este libro. La idea de "nombrar" o etiquetar una cosa es única a la especie humana. Al usar este privilegio hablamos (o pensamos) palabras de enorme poder. Por ejemplo, cuando nombramos a algo bueno o malo, posible o imposible, inspiración o condenación, cielo o infierno, desatamos creencias unidas a esos nombres que se cumplen irremediablemente. Si no estamos alertas a ello, abrimos la botella del Genio cada vez que *etiquetamos* algo o a alguien. Al referirme a esta poderosa herramienta en las páginas siguientes, mi INTENCIÓN es que te des cuenta de tu poder para controlarla conscientemente y hacer que funcione para tu mayor bien.

Tercero, cuando me refiera a cualquiera de los 5 REGALOS para una Vida Abundante, la palabra estará escrita en letras mayúsculas, por ejemplo: GRATITUD. Quiero que aparezcan más grandes porque ¡ellas tienen el potencial para expandir nuestras vidas de muchas y muy profundas maneras!

Finalmente he intentando marcar distinciones claras entre nuestros desgastados modos tridimensionales de pensar y la consciencia multidimensional de nuestra alma. Una de las formas en que hago referencia a estas distinciones es por medio de los términos "mente de la mente" (o "mente de nuestras mentes") y *Mente del Corazón (o Mente de Nuestros Corazones)*, respectivamente. Otra forma en que los subrayo cuando los introduzco, es colocando palabras clave o términos "entre comillas" o en itálicas. Uso comillas para subrayar palabras y frases que denotan o vienen de los viejos patrones de pensamiento tridimensionales (como en el caso de "mente de la mente," arriba) e *itálica* para atraer la atención a significados más profundos y modos de pensamiento expandidos (como en *Mente del Corazón*, arriba).

# INTRODUCCIÓN

# *Nuestro Viaje Comienza*

**B**ienvenido a un viaje hacia el despertar . . . el despertar de nuestra capacidad para vivir una Vida Abundante. Estás a punto de embarcarte en una exploración de nuestros inagotables *Recursos Interiores* ¡Que son mayores de lo que está aparentemente disponible para ti, en tu vida actual!

## Preparándose para el Viaje

Para este viaje no necesitarás las cosas acostumbradas—pasaportes, ropa para distintos climas, artículos de tocador, dinero y tablas para la conversión de monedas. No, en esta excursión, todo lo que necesitas es una mente dispuesta y un corazón abierto. ¿"Dispuestos y abiertos a qué," preguntas? Dispuestos a liberar los patrones mentales de creencias y conductas que han resultado en una forma de vida actual no deseada. Dispuestos a abrir el corazón para abrazar nuevas ideas y nuevas prácticas que verdaderamente resultarán en la habilidad para manifestar tus más profundos anhelos. Aunque mi INTENCIÓN primaria para guiarte en esta aventura no es la de crear salud, riqueza, o éxito en tu carrera y en las relaciones de tu vida, creo que todo esto, y mucho más, será tuyo. Mi INTENCIÓN primordial es más bien propiciar el espacio para la liberación total de tus miedos, de tal manera que seas libre para dedicar tu tiempo, recursos y energías para profundizar tu conexión con tu Fuente Infinita y así expresar más de tu Ser Divino . . . y alcanzar tu suprema posibilidad.

## Equipaje que Debes Dejar Atrás

Muchos de nosotros hemos luchado con algún tipo de carencia en nuestras vidas—insuficiencia de tiempo, oportunidades, comida, bienestar, relaciones de calidad, educación, dinero, amigos y más. Lo reconozcamos o no, hemos utilizado el "dolor" de esas condiciones aparentes como un maestro muy poderoso para aprender a conocer la Unidad en Dios. En lugar de permitir que la Visión elevada nos lleve a la consciencia de que somos seres hermosos, poderosos, maravillosos y bendecidos, hemos elegido que la consciencia del dolor nos frene, al creernos separados de la Fuente Infinita. Atormentados por el dolor de la insuficiencia de amor, tiempo, dinero o salud, hemos sido forzados a recurrir a una o más de las siguientes soluciones humanas:

- Creamos adicciones al trabajo, a las drogas, comida, alcohol, o sexo para entumecer el dolor.
- Vivimos vidas de callada desesperación al sentir esta condición como el castigo merecido por ser tan malos, y esperamos un milagro para que desaparezca.
- Andamos a tientas por encontrar alguna solución que podamos imponer que "arregle" la situación, o que al menos la mejore, como cambiar de empleo, probar un remedio más para la salud, o divorciarnos de nuestra pareja.

Finalmente, habremos agotado cualquiera de estos métodos y tocaremos fondo al sentirnos derrotados. Sintiéndonos vencidos sabremos que todo acabó cuando no podamos ya arrastrar nuestro pesado equipaje ni un paso más. Doblados bajo el peso insoportable de nuestro "maestro," el dolor, no podremos hacer otra cosa sino ondear la bandera blanca de tregua y gritar al vacío, "¡Me doy por vencido!." Por fin el final ha llegado, y no tenemos más recurso que dejarlo ir y ponerlo en las "manos" de Dios. ¡Qué tiempo tan devastador es éste!

¡Y qué momento tan enormemente poderoso! Sí, poderoso. Porque es solamente cuando el ego de nuestras mentes ha agotado toda solución temporal, y todo patrón de evasión y de racionalización, cuando la Mente de nuestro Corazón puede abrirse a la Gracia de Dios. Siempre ahí y esperando por una invitación nuestra, la Gracia de Dios, la siempre presente e incondicional dádiva divina de Dios a Su creación, que es la respuesta verdadera a nuestras oraciones y súplicas. Cuando abrazamos la Gracia de Dios ya no estamos a merced del dolor, forzados a aprender nuestras lecciones por este medio. En cambio nos abrimos a vivir una vida guiada por medio de Visión e Inspiración. Una de las personas que mas admiro me enseñó en un momento crítico en mi vida, "Cuando no tienes a donde más regresar, eres enseñable."

## Del Camino Bajo al Camino Elevado: Mi Viaje Personal

Yo solía ser una estudiante profesional en la Escuela del Dolor. Por más de 40 años me creí una víctima indefensa de las circunstancias de la vida por carecer de dinero. Estaba segura de que era castigada por pecados que desconocía, mientras batallaba para "tener éxito" en el mundo. El dolor se convirtió en el profesor de mi principal estilo de supervivencia—Finanzas. Convencida de que era incompetente para resolver el problema interminable de poco sueldo y demasiados pagos, me sentía completamente justificada al culpar de mi situación a toda clase de chivos expiatorios. Afirmé que era víctima de la economía, de mi estado marital, de mi sexo, de mi educación, de mi jefe, de mi Dios (quien seguramente me había abandonado). Mantuve la creencia de que la cantidad de dólares en mi cuenta de cheques definía mi propio valor.

Puedes imaginar cuánto bajó mi autoestima durante las mareas bajas de mis finanzas, como la vez cuando el ATM no me permitió un retiro ¡porque mi saldo había caído debajo de los $20 dólares!-. También creí que todos los dólares que yo recibía tenían que ser ganados con el sudor de mi frente, y que mi destino en la vida era nunca tener dinero suficiente. ¡Me convencí que la vida era sólo luchar y morir!

Como me inscribí en la Escuela del Dolor finalmente llegué a un curso intensivo que me llevó a grandes cambios de vida. Hace algunos años me encontré, durante la celebración de la boda de mi preciosa hija, sin un céntimo para pagar mis gastos, mucho menos para contribuir con algo en ese día tan especial para ella. Tener que decirle, a ella y a su maravilloso futuro esposo que no podía cumplir mi promesa de ayudar para los gastos de su boda me humilló hasta lo último. "Oh Dios mío," pensé, "¿Podría llegar más bajo que esto?".

La verguenza y la culpa que sentí por una deuda incurrida con anterioridad, haber declarado bancarrota siete años atrás, y la limosna que había pedido a mis amigos sólo para pagar la renta, todo palideció en comparación a la suprema desesperanza y desesperación que sentí en esta ocasión del día más feliz en la vida de mi hija.

Lloré mares de lágrimas durante las horas de la madrugada de la boda. "¿Cómo me había colocado yo misma en esta posición tan patética? Había trabajado tan duro, educado a mis hijos como madre soltera, y había sido una persona religiosa – ¿Qué había hecho para merecer esto? ¿De qué no me daba cuenta?" Pasé las horas previas a la aurora de ese día sumergida en mi papel familiar de víctima, en auto condenación y flagelación. En un punto de esta viciosa espiral descendente, en un espacio entre lágrimas, escuché una suave voz decir, "calma." Sobresaltada, obedecí y dejé de sollozar. ¿"De qué estás agradecida ahora mismo?", preguntó la voz calladamente. "De respirar" es todo lo que pude contestar. Y sentí una diminuta brizna de calma avanzar poco a poco a través de mi cuerpo tembloroso.

"¿Rendirás todos tus problemas ante Mí?" preguntó la Voz. "¿Y confiarás en Mí?" Gentilmente cuestioné. "No tengo elección." Suspiré, "No tengo más a dónde ir. He intentado todo lo que sé para arreglar este eterno desorden financiero. Todo lo que quiero ahora es disfrutar ser la madre de la novia," declaré sintiéndome un poco menos histérica. "Continúa sintiéndote agradecida y observa cómo se despliegan hoy los milagros. Déjamelo todo a Mí y pasa un tiempo maravilloso," dijo la Voz. "Cuando estás agradecida abres la puerta para que Mi Abundancia fluya en tu vida."

Ese extraordinario y significativo día, me transportó inmediatamente de la Escuela del Dolor a la Escuela de la Visión. Poco reconocí lo fácil que es ser aceptado en esta escuela, y lo acogedora que se siente. Recibí tanto apoyo de otras personas que nunca me sentí como "la niña nueva del barrio." Y qué sorpresa fue oír a todos expresar su GRATITUD porque yo había tomado la decisión de unirme a ellos.

Asistir a esta escuela garantiza a cada estudiante un diploma en la ciencia de saber escuchar el Plan Divino para nuestra vida con el oído interior. Aquí nos enseñan a través de la inspiración, la intuición y la imaginación cuál es nuestro verdadero propósito. Aquí aprendemos a elegir el camino elevado a la claridad. Y aquí pulimos las habilidades necesarias para expresar esa claridad. En el momento cuando nos graduamos en la Escuela de la Visión, ya hemos reconocido que el Universo está a favor de nosotros y que en verdad funciona para nuestro mayor bien. El diploma recibido certifica nuestro conocimiento central: Con Dios todo es posible.

En la Escuela de la Visión mis maestros han sido muchos, y mi sendero, uno lleno de alegría y armonía, con sólo unos cuantos tropiezos a lo largo del camino. Esta nueva visión me enseñó que, por medio de lo que yo daba, determinaba lo que obtenía de la vida. Mientras tuve miedo y mantuve la creencia de la insuficiencia, eso recibí como reflejo predecible la experiencia de una vida llena de miedo y escasez. Lentamente empecé a darme cuenta de que estaba usando la Ley de Dar y Recibir, "Así como das, así recibirás" en una forma que mantenía el ciclo de escasez en mi vida. Las múltiples y profundas clases tomadas en la Escuela de la Visión me enseñaron a dar todo aquello que deseo que regrese a mí, dinero, risas, elecciones saludables, amor, compasión, paz y armonía.

*COMO DAS, ASÍ RECIBIRÁS.*

### ... El Final Feliz

Flotaba sobre una nube de profunda GRATITUD al entrar al vestidor de la novia el día de la boda de mi hija – GRATITUD por la novia, mi yerno, mis dos ex maridos, quienes ayudaban en los detalles de último minuto; los ramos de hermosas flores y los ramilletes apenas entregados, el sonrojo de emoción en los rostros de mis nietos. Adonde dirigiera la miraba decía, "¡Gracias, Dios!" Las compuertas de Dios se abrieron, los milagros se multiplicaron y recibí. El dinero llegó a mis manos por medio de una sabia y generosa hermana, para pagar por mi cuarto de hotel. "¡Gracias, Dios!" Un ofrecimiento para pagar mi desayuno vino de mi amoroso hijo, "¡Gracias, Dios!" Repentinamente se me ocurrió una idea para el REGALO perfecto a los recién casados que costaba mi tiempo y talento, y que sin embargo sería inapreciable para ellos, "¡Gracias, Dios!" Una solicitud para mis servicios de asesoría vino de un invitado entre la multitud de amigos y familia en la recepción "¡Gracias, Dios!" Y mientras hacía cada oración de GRATITUD, más y más recibía de Dios, la Única Fuente Infinita.

## Y Aquí es Donde Tu Viaje Inicia

GRATITUD, el primero de los 5 REGALOS, me lanzó hacia adelante en mi viaje. Con desbordante alegría en mi corazón, quiero agradecerte por aceptar la invitación de tu alma a iniciar este viaje hacia el despertar. En cualquier etapa de tu vida donde te encuentres, te invito a ver este instante como la encrucijada definitiva que es. ¡Porque yo conozco el poder transformador del camino de los 5REGALOS que se extiende justo frente a ti! Al escogerlo permites a estos 5 REGALOS aligerar tu carga, hacer más agradable cada uno de tus pasos, iluminar tu vida y transformar tu consciencia. Y sé, que el Poder Divino que me los reveló es el mismísimo Poder dentro de ti.

Porque sólo hay una Fuente para nuestro Bien Sea ese Bien un cuerpo vibrante y saludable; dinero suficiente para cubrir cada uno de nuestros deseos; buenas relaciones, íntegras y amorosas o una carrera gratificante donde utilicemos esos dones únicos para servir a nosotros y al planeta. Los sistemas de entrega de nuestro bien pueden ser muchos, pero sólo hay Una Fuente: Dios. Compartir secretos para abrir los canales a esa Fuente es el propósito de 5 REGALOS para una Vida Abundante. En la práctica de dar estos REGALOS, los recibirás.

## Consejos de Viaje

Antes de ir al siguiente capítulo, por favor permítete 10 minutos de silencio para leer, absorber y comprometerte con la información que viene enseguida. Las siguientes guías te asistirán, como lo han hecho con mis estudiantes, a recibir todo lo que los 5REGALOS pueden proporcionarte.

Permítete el REGALO de tocar una música suave, como la "Compasión" de Peter Kater o "Sueño Chamánico" de Anugama, para dar el tono a la apertura de tu corazón y aclarar tu mente. Tal vez te gustaría ir con tu música a un lugar en la naturaleza donde

te sientas en comunión con la Presencia del Espíritu. Sólo consiéntete un poquito y crea un ambiente seguro y amoroso para
familiarizarte con estos requerimientos.

1. Elige un Socio de Oración para Prosperidad. El trabajo de
   dar y recibir los 5 REGALOS está diseñado para compar-
   tirse. Toma un momento para aquietarte y pide ser guiado
   para identificar a la persona perfecta con quién hacer este
   viaje. Cuando el alma hermana haya llegado a tu consciencia planea darle una copia de este libro y pídele unírsete en
   este camino de transformación. Hagan un acuerdo entre
   ustedes para leer juntos este libro, y prométanse apoyarse
   uno a otro con una oración semanal. También asegúrate de
   hacer un compromiso con tu socio de tomar el tiempo
   necesario para hacer los ejercicios al final de cada uno de
   los capítulos.

2. Date tú mismo los REGALOS de paz y consuelo proce-
   dentes de una práctica diaria de meditación y oración.
   Decide tomar treinta minutos cada día para estas prácticas
   espirituales esenciales mientras lees este libro y hacer los
   ejercicios sugeridos. (Ver el Apéndice para las guías de
   oración y meditación así como la lectura indicada).

3. Comprométete a leer el libro hasta finalizarlo y escucha
   siempre a la pequeña y quieta voz dentro de ti. Esa voz te
   dará el ritmo perfecto para tu progreso en cada capítulo.

4. ¡Diviértete! Recuerda, tú eres la Sabiduría de Dios, que ya
   sabes todo lo se necesita saber. ¡Éstas son simples herramientas para estimular tu memoria!

5. Permítete transformar tu consciencia y vivir una Vida
   Abundante con la práctica de (Recibir y Dar) estos REGA-
   LOS en todo momento y circunstancia. Sí, verdadera-
   mente todo está en el permitirse... en permitirnos ser

guiados por la Esencia Divina dentro de nosotros…! permitirnos sentir la caricia amorosa de la Bondad de la Vida y ser transformados por ella!

## Los Capítulos de 5 REGALOS

El itinerario para esta etapa de tu viaje se ha establecido y los 5REGALOS te están esperando. Mientras te preparas para abrirlos uno por uno, recuerda tomar tu tiempo. Saborea cada descubrimiento que hagas acerca de ti y de tu relación con cada REGALO, no importa qué tan "pequeño" pueda parecer. Los capítulos del 2 al 8, están diseñados para encender tu más profundo reconocimiento de cada uno de los 5REGALOS, así como de las oportunidades para integrar cada uno de ellos en tu ser y hacerlo cotidiano, desde la hora en que tu despertador suena en la mañana hasta que te deslizas en tu cama por la noche. Podemos "conocer" un REGALO hasta la saciedad, pero si no lo damos ¡no podremos activar su poder transformador inherente, para manifestar la Abundancia de Dios como nuestra vida!

Cada uno de los capítulos de 5 REGALOS contendrá cinco secciones:

- Una descripción profunda del significado del REGALO
- Un Místico Habla Acerca del REGALO
- Una Historia de Éxito Personal: Un Momento de la Vida Real
- Pon en Práctica Tu REGALO: Instrucciones para abrir el Corazón
- Reconócete a Ti Mismo: ¡Date un REGALO!

## Es tiempo de Partir

Estamos listos para empezar nuestro viaje e iniciarlo en el día perfecto… ¡Tu cumpleaños! ¿Por qué? Porque tu cumpleaños es un día sagrado, único para ti. Tu llegada a este planeta se festeja con un reconocimiento anual en el día de tu nacimiento. Ése es el momento especial para aceptar tu valor y compromiso de estar aquí como la preciosa expresión de Dios que tú eres. Es el día para reconocer lo importante que es tu vida en el gran tapiz de La Vida. Como el inicio de un nuevo año éste es el día perfecto para revisar lo vivido y afirmar los deseos de tu corazón. Y es el día ideal para recibir un mensaje de vida. ¡Las velas de tu pastel están encendidas! . . .

# CAPÍTULO 1

# ¡FELIZ CUMPLEAÑOS!

¡Feliz Cumpleaños! Las velas de tu pastel brillan. Estás rodeado de los miembros de tu familia y tus amigos favoritos. Pasaste el día disfrutando siendo el centro de atención. Quizá te diste pequeños regalitos a ti mismo todo el día despertaste un poco más tarde que de costumbre y pasaste unos minutos jugando con tu mascota. Te permitiste escapar de tu acostumbrada rutina de ejercicio físico, y disfrutaste relajadamente la celebración de tu cumpleaños que tus compañeros de trabajo te ofrecieron.

Al ir a cortar tu pastel de cumpleaños, cuando te preparas a apagar las velitas, del fondo de tu alma nace una INTENCIÓN. Con el viento de tu aliento, haces esta promesa: *¡Este año voy a vivir una Vida Abundante! Estoy dispuesto a experimentar una salud más vibrante, relaciones más satisfactorias, más dinero; y más oportunidades de compartir mis talentos." Al apagar las velitas, tu resolución queda confirmada.*

Después de saborear el delicioso pastel con helado, tus amigos te piden que abras tus REGALOS. Todos los que celebran contigo se dirigen a la mesa donde tus REGALOS esperan ser abiertos. Al abrir un REGALO tras otro, te das cuenta que apenas acabas de comenzar un nuevo año de tu vida . . . ¡y ya comenzaste a experimentar abundancia!

Estás tan divertido disfrutando esta parte de tu celebración, que no adviertes a un *misterioso Personaje* que se ha infiltrado entre tu grupo de amigos. Estás disfrutando tanto del placer de abrir tus

REGALOS que no notas el murmullo que surge entre tus invitados al ver a este misterioso *Ser* que tan disimuladamente apareció entre ellos. Levantas la vista por un momento para darle las gracias a alguien por su REGALO y de repente te percatas de lo que todos los demás están viendo. Ahí frente a ti, erguida y luminosa, está una figura vestida hermosamente con un atavío de un color lavanda claro que llega hasta el suelo. Una luz sublime emana brillantemente de su cara y de sus manos. No estás seguro si es una figura femenina o masculina; humana o divina. Antes de tener la oportunidad de decir, esta "persona" coloca anti ti cinco REGALOS hermosamente envueltos.

Sin pronunciar una sola palabra te comunica este mensaje: "He venido a darte 5 REGALOS para tu alma. Estos REGALOS son la respuesta a tu deseo de cumpleaños que hiciste al apagar las velas de tu pastel: vivir una Vida Abundante. Recíbelos con el Amor con que se te dan. Ellos contienen ideas valiosas para tu mente. También son principios espirituales que, cuando los entiendas completamente y los aceptes de corazón, encenderán tu vida. Su mayor valor reside en el poder que tienen para cambiar tu consciencia . . . ¡y por lo tanto tu vida! Debes saber que solamente cuando te das estos 5 REGALOS a ti mismo y a los demás, y los practicas continuamente, realizarás el deseo de tu alma de vivir una Vida Abundante.

En la medida en que te transformas en un medio Divino dand y recibiendo estos REGALOS, te conviertes en un Medio Divino de Circulación de la Vida Abundante de Dios."

Y al terminar de decir esto, la figura iluminada que había llegado a la fiesta en forma tan repentina, desaparece súbitamente.

# CAPÍTULO 2

# GRATITUD

*Dar*

A l ver los 5 REGALOS ante ti, notas un paquete que parece ser el más bello, el más brillante, como si estuviera tratando de captar tu atención y gritar:"¡Ábreme primero!"Lo tomas, sosteniendo el papel plateado con dedos temblorosos y jalas el listón. Al hacerlo, resuenan en tu oído las palabras del misterioso Visitante quien te había advertido que podrías recibir estos REGALOS sólo si estabas dispuesto a darlos continuamente. Abres la caja, y descubres una hermosa tarjeta dentro de la caja que dice

---

**GRATITUD**
Al dar este REGALO
¡conviertes toda tu vida en una bendición!

---

LA GRATITUD es el REGALO de ser agradecido. ¡Qué REGALO más maravilloso para dar o recibir! Recibirlo amorosamente bendice tanto a quien lo recibe como al que lo da. Cuando se vive una Vida Abundante, darlo con sinceridad se convierte en una oración del corazón que abre tu vida a las riquezas que ella contiene. La GRATITUD es la puerta a la abundancia divina evidente en toda la creación. Al usarlo, mágicamente comienzas a apreciar cada maravilla que encuentras en el sendero de la vida.

La GRATITUD es una vibración de amor. Cuando somos agradecidos emitimos un tono de aceptación y de apreciación. El agradecimiento nos permite conectarnos desde el corazón con lo que sucede en nuestra vida. Es cuando nos trasladamos de la cabeza al corazón que nos abrimos a lo sagrado en todas las cosas y nos permitimos sentir una sensación de unidad con toda la vida. Así, al dar el REGALO de la GRATITUD, nos volvemos conscientes de la presencia de Dios en todo.

La GRATITUD es el destilador de emociones. Cuando das gracias purificas tus reacciones emocionales a la vida porque te enfocas en el amor y dejas atrás el temor, la duda, la preocupación, la verguenza y los juicios. Es una simple verdad que no puedes sentir apreciación y al mismo tiempo esas emociones. Mientras continúas siendo agradecido, las reacciones bajas, obscuras, y egoístas pierden su *fuerza*, dejándote libre para dejar que tu luz y tu amor brillen. En este estado es fácil ver y experimentar la consciencia de abundancia de la vida.

La GRATITUD es el gran multiplicador. Apreciar y dar gracias por todo lo que tenemos nos abre la puerta a una abundancia aun mayor. Jesús el Cristo demostró esta verdad muchas veces en su ministerio. Fue después de dar gracias que pudo alimentar a los 5,000 de unos pocos panes y peces, y aún quedó mucho de sobra. Si quieres más de algo en tu vida, da gracias por lo que ya tengas de ello. Es muy verdadero ese sabio antiguo/nueva-era que *dice: Aquello en lo que pones tu atención, aumenta.* Cuando enfocas tu atención en el agradecimiento, se activa esa ley metafísica y multiplica cualquier cosa que agradeces.

La GRATITUD te pone en el banquillo del testigo. Al dar gracias te deshaces de tus jueces internos—ese comité siempre tan listo a condenar o etiquetar la persona o circunstancia como cualquier cosa, menos "buena." Una vez libre de juicios, y en sintonía con el regalo de la experiencia, te elevas a una perspectiva nueva y saludable de lo que esté pasando, y recibes el REGALO divino de la situación, mejor que lo esperado. Cuando te desapegas a lo que esté sucediendo en tu vida y te armonizas con la "chispa divina" dentro de ti, comienzas a ver con los ojos de Dios, y te permites aceptar lo que llegue sin juzgarlo . . . lo bueno y lo aparentemente no-tan-bueno. Entonces, aun las circunstancias que parecen no coincidir con tus expectativas, como la relación que no funcionó; el que otra persona haya obtenido el trabajo que deseabas para ti; la gripa que no se aliviaba cuando ya querías sentirte bien. Todas ellas (bajo la nueva luz de tu corazón agradecido) perderán sus etiquetas de: "qué malo" "¡eso es terrible!" "¿Qué hice mal?" Tu corazón ahora se abre a recibir los regalos de Dios que tu estado anterior de consciencia limitada no te permitía ver.

La GRATITUD es la gracia que nos permite re-enfocar la visión de nuestras vidas limitadas; trabaja como arte de magia con cada elemento de nuestro pasado, presente y futuro. Cuando llegamos a sentir agradecimiento por las personas y eventos de nuestro pasado, nos damos cuenta que ya hemos completado el proceso de perdón. Dar gracias por lo que fue nos permite enfocarnos completamente en el momento presente. Sólo cuando nos liberamos de los lazos negativos del pasado: reproches y censuras, verguenza, resentimiento o culpa, nuestro pasado cobra sentido, comprendemos sus patrones, sentimos sus ritmos, y extraemos las perlas de sabiduría y gracia de nuestras experiencias pasadas. Entonces somos libres de ser todo aquello para lo que fuimos creados.

Dar gracias por lo que es y está sucediendo en el momento presente nos permite aceptar lo que actualmente estamos pasando, sin juzgarlo. En este estado de desapego podemos verdaderamente saber que lo Sagrado está presente en todas las cosas, aquí y ahora. Al dar gracias declaramos que cada persona y cada circunstancia es una bendición. Cuando damos gracias por lo que será antes de que suceda, se nos concede la consciencia de recibir aquello que deseamos. Una actitud de GRATITUD es un elemento clave que nos lleva a un estado de receptividad de nuestro bien. En ese espacio mental, dejamos atrás las limitaciones que puedan percibirse, y experimentamos la pasión de lo posible, sin apego al "cómo" es que nuestro bien se va a manifestar. En ese estado de GRATITUD, podemos liberar y dejar así que Dios realice lo que deseamos . . . ¡o algo mejor!

Dando y recibiendo GRATITUD, reconocemos la verdad: Toda la vida es un regalo. ¡Gracias Señor!

# Un *Místico Habla Sobre GRATITUD*

### Christian D. Larson
*Tomado de El Sendero de Rosas*

*Cuando sentimos que Dios nos dará cualquier cosa que le pidamos, que no existe duda alguna de ello, no podemos hacer otra cosa que dar expresión a la esencia misma de la GRATITUD, y esta GRATITUD tan ilimitada, como infinita ¡Es el agradecimiento eterno del alma! Vivir la oración espiritual de invocar a Dios en todo, de saber que Dios lo da todo, y de dar gracias a Dios constantemente por todo, es en sí una vida de la más elevada dicha. En esa vida, todo está dirigido hacia un plano más alto, porque manifestamos en cuerpo, mente y alma, más y más de la semejanza con Dios. La existencia personal se convierte en la existencia ideal, mientras el alma vive con plena consciencia en el hermoso mundo de Dios.*

# Dos Historias de Éxito Personal

## Un Momento DE GRATITUD
## en la Vida Real

### Ver través de un Corazón Agradecido
#### Por Tina Fox

El año pasado había sido particularmente difícil para Michael, mi pareja, y para mí. Habíamos llegado a un punto en nuestra relación donde estábamos re-evaluando si deberíamos continuar juntos. Ninguno de los dos podía señalar algo en particular. Tal vez fue una acumulación de "pequeñas cosas" en los últimos 18 años de vida en común, o quizá sólo el crecimiento gradual de cada uno. Lo que sí sabíamos, dolorosamente, era que nuestra relación había deteriorado en los últimos meses, casi al punto de vivir en una constante crítica, sarcasmo, enojo, o simplemente apatía pura.

Después de un encuentro particularmente amargo, me senté en las escaleras de nuestra sala y le dije a Michael que no estaba dispuesta a continuar con eso, y que pensaba era tiempo de ponerle fin al dolor. Si eso significaba romper e ir por caminos separados, que así fuera. Ambos nos retiramos a nuestros respectivos lugares de la casa para pensar sobre el asunto.

Era el inicio de la temporada navideña y la empresa de Michael tenía su fiesta anual la noche siguiente. Al otro día, Michael me llamó desde el trabajo y, en su propia manera de ofrecer hacer las paces, me preguntó si estaría dispuesta a ir a la fiesta con él. Estuve de acuerdo pero, al mirar hacia el pasado, está claro no estábamos listos para liberar el enojo y la amargura establecida entre los dos.

Esa noche, aunque intentamos ser civilizados, tuvimos varios pinchazos severos, uno tras otro mientras nos alistábamos para la fiesta. En el momento de salir ambos estábamos preparados para la batalla. Estaba lloviendo, íbamos retrasados, y tuvimos que manejar más de 20 millas con trafico desordenado. A casi diez millas de nuestro destino, la alarma de "gasolina baja" sonó. ¡"Grandioso" pensé, "ahora estamos a punto de quedarnos sin combustible!" Yo observaba mientras Michael pasaba gasolinera tras gasolinera porque no encontraba la marca correcta o porque el establecimiento estaba en el lado equivocado de la calle. Sentada ahí, furiosa, sin decir nada, reunía energía para el siguiente ataque verbal Y entonces, repentinamente, me llegó: ¿por qué causa estaba tan alterada? Tenía miedo… ¿Pero de qué? ¿De que el carro se quedara sin gasolina? Estaba enojada… ¿pero a causa de qué? ¿De que Michael hiciera las cosas en forma diferente de cómo yo las haría? ¿Quién era yo para pensar que mi ego-yo tenía todas las respuestas? Tomé una respiración profunda y miré en torno mío. Todo se detuvo.

Llovía y las gotas hacían un hermoso dibujo al golpear y resbalar sobre el parabrisas. Las luces de la calle y las luces traseras del auto brillaban y se reflejaban sobre el pavimento mojado — rayas rojas, rayas blancas. Volteé y miré a Michael con tanta GRATITUD, por ese momento, por todos los momentos que habíamos pasado juntos, por su singularidad, por todas sus cualidades. Y en ese estado emocional, muy diferente a aquél en que había estado sólo unos momentos antes, dije, "Sabes, Michael, hacemos la cosas totalmente en forma diferente. Y eso está bien."

Pude sentir la sonrisa formarse en mi rostro, estaba llena de amor. En lugar de reaccionar con sarcasmo él me miró, y se sintió como si una enorme burbuja de tensión e ira se hubiera reventado. Estábamos mirándonos, realmente mirándonos, viéndonos el uno a otro por primera vez en mucho tiempo. A pesar de todo el dolor, la decepción, la ira, el resentimiento, la necesidad de tener la razón, aún había amor. Y supe en ese momento que, mientras pudiéramos encontrar nuestro camino al amor que realmente sentíamos, podríamos encontrar nuestro camino de regreso del uno hacia el otro.

Mentiría si dijera que todo fue perfecto después de esto. Pero ese repentino reconocimiento de GRATITUD, nos dio un punto de inicio que no habíamos contemplado ni siquiera unos momentos antes. Esa noche marcó el principio para la edificación de un puente de reconciliación. Y para mí, la energía de sentirme agradecida por lo que y por quién realmente, en lugar de sentirme desilusionada porque él no cubría la expectativa de ser como yo quería que fuese.

## Mi Viaje hacia la GRATITUD
### Por Kamin Bell

La GRATITUD es un proceso continuo por el cual debo elevarme constantemente más allá de "lo material" para enfocarme en "lo sagrado" y en las numerosas bendiciones en mi vida.

Como gerente de un pequeño equipo de una compañía mediana, me enfrentaba con notables injusticias con respecto al sueldo. Durante los primeros meses del año quedó vacante un puesto de gerente en mi departamento. El trabajo en este puesto era supervisar un equipo con habilidades distintas a las mías. Yo participé en el proceso de selección para cubrir el puesto. Un día el jefe de personal mencionó sin querer el sueldo que se le iba ofrecer a la persona que obtuviera el empleo. Eran casi $10,000.00 más de lo que yo ganaba, y yo había estado con la compañía casi tres años. Aunque estaba impactada por esa cantidad, no me sorprendió, porque yo ya sospechaba que los miembros del otro equipo recibían mejores sueldos que los miembros de mi equipo.

Al día siguiente mencioné esta injusticia a mi jefe. Me comentó que la diferencia no era tan grande y que el mercado dictaba lo que el nuevo gerente ganaría. Me alteré porque sentí que mi trayectoria y experiencia eran mayores que las del nuevo gerente, sin embargo guardé silencio aunque rumié por un buen rato.

Afortunadamente el curso de los *5 REGALOS para una Vida Abundante* empezó poco después de que esto había ocurrido, y me puso frente a frente con la GRATITUD – con el desafío de aprender a ser agradecida por todo en mi vida, aún por las batallas. Después de un par de semanas de meditaciones conducidas por la Rev. Diane, de leer sobre la GRATITUD y de llevar un diario de agradecimientos, fui realmente capaz de sentir GRATITUD por esta situación. Desde luego que no sucedió de la noche a la mañana. Mis resentimientos y humillación por no ser reconocida al mismo nivel del "nuevo individuo" eran profundos. Pero durante las clases empecé a centrarme en Dios como mi Fuente y a estar agradecida por todo lo que se me había dado. Empecé a re-enfocar mis energías en mi equipo y conscientemente mejoré mis habilidades de liderazgo. Llegué a estar verdaderamente agradecida por ésta y todas las otras oportunidades en mi vida.

Mi agradecimiento fue puesto a prueba varios meses después, cuando un trabajador del otro departamento mencionó que el compañero recientemente contratado había sido ascendido a un nivel más alto que el mío. Aún más, su ascenso había sido otorgado en secreto un mes antes, sin ningún anuncio para el departamento. Escondí mi sorpresa y desaliento a mi compañero, pero inmediatamente empecé a arder en ira. Le pregunté a otro gerente dentro de nuestro departamento, si él sabía acerca de la promoción pero no estaba enterado. Juntos confrontamos a nuestro jefe y de inicio no admitió el ascenso. Sin embargo, lo hizo al día siguiente con la excusa de que había sido necesaria una revaloración del puesto: el sueldo de gerente había sido "ajustado" en base a su experiencia.

En ese momento, lo único cierto era el hecho de que la experiencia de este nuevo gerente era menor que la mía. La GRATITUD por mi jefe no se encontraba en ningún lado, ni entonces ni durante las siguientes semanas. Sin embargo, aún estaba agradecida por mi puesto como gerente y por mi equipo. Me mantuve con todas mis energías puestas en ello y eso se notó —llegamos a ser uno de los equipos más productivos de la compañía. Pero mi corazón aún dolía a causa de no haber sido ascendida; aún estaba enojada con mi jefe, y me caía mal el otro gerente.

Semanas después, durante un servicio en la iglesia, el ministro pidió a quienes no habían perdonar de corazón que levantaran la mano. Yo lo hice. Cuando él oró por nosotros, hice un ejercicio que había aprendido durante el curso de los 5 REGALOS, permití a la luz de mi corazón disolver la oscuridad, el dolor y la ira. Los dejé ir. Emergieron el amor y el agradecimiento. Pude ver claramente cómo la actitud tomada contra mi jefe y sufrida a causa de él durante todo este tiempo, no me convertía en una gran empleada, aunque dirigiera bien a mi equipo. Podía sentirme verdaderamente agradecida por tener aún un empleo, así como también por la oportunidad para rectificar mi comportamiento en la relación con mi jefe.

Cuando regresé al trabajo esa semana mi actitud era de GRATITUD y servicio. Recordé que había orado por el puesto gerencial en el que estaba y que Dios me lo había dado. Había perdido de vista quién realmente estaba a cargo de mi vida y carrera. En unos días tuve una junta con mi jefe y me disculpé por mi actitud y por haber estado enfocada en lo que estaba mal. Hablamos varias veces sobre los siguientes días y estuve respetuosamente muy abierta y sincera, sin dar lugar ni siquiera a un simple "Desearía haber dicho..."

Cuando empecé a enfocarme en el agradecimiento no sólo por mi equipo sino también por mi jefe y por la otro gerente, la paz y la alegría llenaron mis pensamientos. No tenía miedo al trabajo o a estar cerca de ellos El amor llenó mi corazón y llegué a ser una mejor gerente y compañera de trabajo. Con el enfoque de servir mejor a mi jefe y a la compañía empecé a reconocer mi valor como empleada, y al hecho de que aún tenía mucho que ofrecer a la compañía. Empecé a buscar oportunidades en otros departamentos. Cuando encontré uno, de acuerdo con la política de la empresa, le avisé a mi jefe que la solicitaría. Aceptó renuente. Resultó que no obtuve ese puesto aunque le comunique que buscaría otro diferente también disponible. Me pareció realmente desilusionado y lastimado cuando preguntó qué se necesitaría para mantenerme como gerente de equipo en su departamento. Después de una profunda reflexión, escribí exactamente cuáles eran el puesto y sueldo que yo requería. Mi solicitud está actualmente en revisión.

Lo extraordinario acerca de lo acontecido es que todo se debe a la práctica de la GRATITUD. Había caído en la trampa de desear lo que otra persona tenía, sin estar agradecida por lo que se me había confiado. A la GRATITUD se le debe visitar con regularidad, diariamente, si es necesario, minuto a minuto. Con frecuencia repaso las herramientas aprendidas en clase para estar agradecida por mi vida entera, no sólo por aquellas cosas que puedo controlar. Sin importar lo que otros puedan o no hacer, o lo que me reserva el futuro, constantemente me recuerdo a mí misma que Dios es mi fuente, y que soy verdaderamente bendecida. No importa lo que resulte en mi empleo, he recibido el ascenso más importante de todos – un ascenso a un corazón más abierto y a una consciencia más profunda de amor en mi vida entera. ¡Estoy tan agradecida por mi vida y todo lo que hay en ella! [¡P.D. Kamin obtuvo su ascenso y está muy agradecida!]

# Da Tu REGALO: PRÁCTICA

## Instrucciones para abrir el Corazón a la GRATITUD

El REGALO de la GRATITUD viene con un juego de instrucciones. Las instrucciones son para ayudarte a tomar los pasos correctos, en tu esfuerzo diario "que hacer," para lograr una Vida Abundante. Ahora es tu momento para comprometerte con estas simples sugerencias, llama a tu Socio de Oración para Prosperidad, para acordar apoyarse el uno al otro en estas prácticas, y para estar completamente disponible para los cambios en tu consciencia.

ADVERTENCIA: Al activar esta práctica espiritual de GRATITUD—o cualquiera de los otros cuatro REGALOS—puede llevarte al éxtasis y abundancia instantáneos, o a experimentar lo que pueda parecer una crisis en tu vida. Por favor ten en cuenta que cualquiera de estas respuestas a tu INTENCIÓN de cambiar tu consciencia a una de abundancia, pueden y deben esperarse. Cuando deseamos activamente crecer espiritualmente en nuestras posibilidades, desafiamos al sistema de creencias sostenido por nuestra vieja forma de ser. Sacudimos el centro mismo de nuestros cimientos — y sus pilares se atrincheran para resistir al cambio. Si ocurre esa resistencia o crisis, dale la bienvenida, ámala, y tómala como una señal segura de que estás en el camino correcto hacia la transformación. No lo uses como una "señal" o excusa para abandonar el trabajo y quedarte en donde mismo. Esa apariencia, semejante a una reacción negativa a tu visión de cambio, es en realidad una invitación y una oportunidad para fortalecer tu determinación, y para edificar tu fuerza espiritual. ¡Da gracias y acéptala y agradece porque es la señal de que indudablemente estás cambiando hacia un tú más grandioso! Tambien ... aún cuando no podamos comprenderlo en el momento, estamos siempre en movimiento hacia nuestro Mayor Bien. Puede tomar algún tiempo poder verlo, pero siempre sucede.

## Diario de GRATITUD

Durante las siguientes cinco semanas haz el compromiso de escribir todos los días cinco REGALOS por los que estás agradecido. Practica esta simple pero efectiva forma de reconocer conscientemente la generosidad de Dios en tu vida. El beneficio de mantener un diario de gratitud es que en aquellos momentos cuando la vida se pone difícil, tienes una evidencia concreta que te recuerde todos los regalos que ya has recibido.

Asegúrate de incluir tanto el regalo más ordinario del vivir diario, como el más extraordinario. En seguida algunos ejemplos:

1. Agradezco la luz del sol esta mañana.
2. Gracias por las carcajaditas de mi hijo.
3. Agradezco el amor y apoyo de mi Socio de Oración para Prosperidad.
4. Estoy muy agradecido porque el fontanero vino a la hora prometida.
5. Doy gracias por haber encontrado en el cajón las estampillas necesarias para enviar esa carta a tiempo.

Crea un ritual para hacer esta práctica rápida y fácil de GRAT-ITUD, quizás en la noche justo antes de dormir. Mantenla simple, mantén tu compromiso y resuelve vivir una vida abundante dando el REGALO de la GRATITUD.

## Dar Gracias Antes de los Alimentos

Crear un ritual para decir "Gracias" durante el día es "orar sin cesar," es expresar aprecio y abrir tu corazón al bien de Dios. Una forma sencilla de hacer esto es agregar la práctica de la GRATI-TUD a una actividad que hacemos diariamente comer. Haz el compromiso de dar gracias antes de cada alimento. Bendecir tu comida te pone en contacto con la Fuente de donde proviene, con quienes la cultivaron, la prepararon, la sirvieron, así como con la nutrición de tu propio cuerpo. Dar gracias por tu alimento también te permite estar en conexión consciente con aquéllos con quienes lo compartes. Dar gracias por tus alimentos también te permite estar en una conexión consciente con aquellos con quienes compartes tu comida. Estás ofreciendo una bendición y considerándola como un REGALO para la Vida Abundante.

Usa cualquiera de las bendiciones simples mencionadas abajo, o mejor aún, crea una propia. Hazla corta, dulce y diferente cada vez. Dila en voz alta o silenciosamente. Toma un momento para aquietarte, y simplemente expresa por lo que estás agradecido en ese momento. Si estás con otros, consideren tomarse de las manos alrededor de la mesa y bendecir en grupo los alimentos. Dando la vuelta a la mesa cada persona contribuye unas palabras brevemente, o puede decir "paso." Cuando llegue tu turno ofrece un pensamiento de cierre y un "Gracias." Podrías quedar agradablemente sorprendido por el efecto de esta simple actividad de grupo.

*Demos gracias a la Fuente de todo Bien por este alimento. Sabiendo que la vida se renueva a sí misma, tomamos estos alimentos con agrado y GRATITUD. Amén.*

*Con alegría damos gracias por este alimento, y por las bendiciones tan abundantemente recibidas en nuestras vidas. Namasté.*

*Con GRATITUD de corazón y mente, bendecimos este alimento, sabiendo que da vida a la vida. Y así es.*

### Anda . . . Haz Feliz a Alguien este día.

Hazte un hermoso REGALO dando el regalo de tu aprecio. Dile a la primera persona que veas cada día la razón por la que estás agradecido con ella. Y cuando sientas la alegría que has desatado ¡Te abrirás a dar y recibir mucho más!

# *RECONÓCETE A TI MISMO*

## ¡Dándote el REGALO de la GRATITUD!

Menciona un REGALO que puedes darte en reconocimiento al Ser fabuloso, generoso y lo agradecido que eres . . . ¡Y hazlo! Empieza con identificar una actividad que has deseado hacer pero no has hecho ¿Dar un paseo por la playa o el parque sin los niños? ¿Jugar boliche con los muchachos, ir a comer con un amigo, o sentarte a leer una buena novela? ¿Tener una cita por la noche con tu amada? Cualquier cosa que sea, simplemente sabe esto: ¡Darte a ti mismo es el mayor REGALO que puedes dar!

CAPÍTULO 3

# ESTABLECER
# INTENCIONES

*Ceder*

Ya adentro la práctica del REGALO de la GRATITUD, (escribes todos los días en tu Diario; das Gracias a lo largo del día y bendices los alimentos antes de cada comida), haces brillar la luz de tu agradecimiento sobre los cuatro REGALOS restantes recibidos en tu cumpleaños. Al recordar el mensaje del misterioso Visitante junto a tus REGALOS, te prometes recordar su advertencia de que: sólo puedes recibir el conocimiento y el poder de estos REGALOS si estás dispuesto a compartirlos y practicarlos diariamente. Tu curiosidad y creciente compromiso de vivir una Vida Abundante te guía a tu segunda selección, un objeto redondo envuelto en papel multicolor, atado con una cinta color turquesa.

Al desenvolver el REGALO retiras el suave papel rizado y descubres un aro redondo entretejido con tiras de cuero. Magníficas plumas de pájaro y piedras semipreciosas forman una cola colgante. Justo en el centro del círculo una gema color agua se conecta al aro por medio de un intrincado diseño de cordones tejidos, como una telaraña. Reconoces este REGALO como el símbolo del Atrapa sueños de los indios nativos norteamericanos. En la etiqueta dice:

Instrucciones para

EL REGALO
de la
INTENCIÓN

Sueña... Haz...
Deja ir

¡Al dar este REGALO
creas tu propia
Experiencia de Vida!

Uno de los más grandes privilegios que tenemos como seres humanos es la habilidad de elegir. La elección consciente es una cualidad exclusivamente humana. Somos las únicas criaturas en este planeta que podemos diseñar nuestras vidas en su totalidad al elegir en qué enfocaremos nuestra atención. Es nuestro honor y deber ejercitar este poder de elección para establecer y manifestar nuestras INTENCIONES.

Hay una ley metafísica que se activa cuando hacemos una elección. Es la Ley de La Manifestación (también conocida como la Ley de Causa y Efecto). Esta ley establece que *así como piensa un hombre así será*. Lo que elegimos pensar crea nuestra experiencia. A través de nuestro pensamiento (causa) creamos nuestra realidad (efecto). De la dimensión de lo invisible le damos forma a nuestros pensamientos—nuestras intenciones—a la forma. Los hacemos visibles.

La Ley de la Manifestación responde continuamente a nuestros pensamientos, conscientes e inconscientes. ¡Al volvernos conscientes y elegir qué pensar, diseñamos nuestras vidas! Y al no elegir (o sea, cuando admitimos cualquier pensamiento en nuestras mentes) también diseñamos nuestras vidas. Aún más, cuando pensamos continuamente en una condición no deseada en lugar de la sí deseada, estamos eligiendo esa condición indeseada automáticamente. Cuando reconocemos estas posibilidades como elecciones, podemos entender por qué tenemos experiencias (circunstancias, gente, desafíos emocionales) no deseados en nuestras vidas. Estas experiencias se crean por los pensamientos inconscientes que ya no queremos pero que son residuos del pasado. Estas experiencias aún se manifiestan en nuestras vidas porque no hemos establecido la INTENCIÓN de poner algo nuevo en su lugar. Entonces, es a través de utilizar el poderoso REGALO de la INTENCIÓN (elección claramente enfocada) que creamos cualquier cosa deseada en nuestras vidas.

Irónicamente, la mayoría de nosotros ni siquiera sabemos que tenemos este poder, este don. O si lo sabemos, con frecuencia retrocedemos por el miedo de usarlo, porque en algún punto interno, no nos creemos merecedores de obtener lo deseado.

Tomemos aquí un momento para digerir esta información. Te invito a empezar por tomar un largo, lento, y profundo respiro. Y mientras exhalas siéntete dejando ir cualquier tensión producida por la lectura de los dos párrafos anteriores. Ahora, gentilmente, investiguemos juntos detrás de la superficie de los conceptos comúnmente sostenidos. Un concepto es el de que tú o yo tenemos una idea originada dentro de nosotros. Es tu idea o mi idea, tu elección o mi elección. La verdad es que "nuestras ideas" no se originan en nosotros—son los propios pensamientos de Dios. Estos Pensamientos de Dios están disponibles para todos, y están listos en cualquier momento para moverse a través de nosotros y tomar forma. Como humanos, servimos como vehículos por medio de los cuales los pensamientos se expresan. Entonces nuestras INTENCIONES siempre son Ideas Divinas, y es por medio de nuestra disposición a manifestarlas, que nos convertimos en cocreadores con el Espíritu.

Imagínalo de esta manera: Estamos nadando en la Mente de Dios. Y en esa Mente están todas las ideas y pensamientos que fueron o serán manifestados en la forma. Para que cualquiera de las ideas de Dios pueda tomar forma, se necesita que una de nuestras mentes la exprese... porque nosotros somos el medio a través del cual Dios se revela a Sí Mismo. Por ejemplo, Einstein fue la mente que dijo "Sí" a la Idea Divina de la Relatividad. Mozart dijo "Sí" al Pensamiento Divino de "Eine Kleine Nachtmusik," y Martin Luther King dijeron "Sí" al Concepto Sagrado de "Tengo un Sueño."

Imagina que, mientras nadas en la Mente de Dios, las Ideas Divinas se te comunican constantemente como INTENCIONES, mediante los sagrados lenguajes de la imaginación y la inspiración. Entiende que uno de los aspectos dominantes del Espíritu es Su movimiento de lo invisible a lo visible, se mueve de Su posibilidad pura a la forma. Reconócelo, la imaginación y la inspiración son los idiomas de la Mente del Corazón, no de la mente de tu mente.

¿Recuerdas cuántas veces has tenido una gran idea? ¿Cuando de la nada, te llegó alguna maravillosa inspiración? ¿Cuando tu imaginación se disparó e intentaste hacer alguna cosa? El lugar en ti donde ese proceso ocurre es lo no-lineal, lo que no juzga, lo ilógico, lo de libre forma. "¡Eureka!" Es el espacio donde las posibilidades tienen oportunidad de florecer sin la intrusión de lo lógico, de las creencias limitadoras, o de las experiencias pasadas. Todos hemos tenido muchas llamadas así, del Espíritu llamando a la puerta de la Mente de nuestro Corazón. Esto nos lleva a la primera instrucción que acompaña a este REGALO ...

Un día tuve un sueño de un cuando mi esposo y yo estábamos de viaje en Hawai hace varios años. Pasamos seis semanas recorriendo las Islas asoleándonos en cada playa que podíamos encontrar. Y lo único que faltaba en ese viaje, que habíamos soñado toda la vida, era la comodidad de una buena silla de playa — las colchonetas para pasto que proporcionaban en los hoteles ¡no lo lograban! Una mañana, durante mi meditación, me llegó la idea de crear una silla de playa plegable que fuera ligera y fácil de cargar. Mi idea era inventar una silla portátil con segmentos de postes de peso pluma que se ensamblaran juntos y detuvieran la tela de lona del asiento, y el respaldo de la silla. Cuando se desarmara, todos los elementos cabrían en una su propia bolsa de mano ligera, con correa acojinada que se podía transportar sobre el hombro fácilmente.

Al salir de la meditación, la inspiración encendió mi imaginación y, repentinamente, vi todo completo...la silla manufacturada en una selección de colores, el diseño del paquete, el plan para la campaña de mercadotecnia, y millones de personas usando mi invento. En un minuto me había "soñado" como una inventora rica y exitosa en toda forma, contribuyendo al bienestar de millones de visitantes de las playas. Había captado la idea de Dios en la Mente de mi Corazón, y establecí mi INTENCIÓN para manifestarla. Para obtener una Vida Abundante, el primer y esencial aspecto es soñar. El origen del popular Cazador de Sueños de los nativos americanos nos recuerda practicar el arte de coleccionar los sueños (Ideas Divinas) de Dios. Colgado sobre tu cama, su propósito es servir como la red para atrapar tus sueños malos y liberarlos, mientras retiene tus buenos sueños para que los recuerdes y evalúes. ¿Y qué significa soñar?

- Soñar es abrirte a los pensamientos de Dios.
- Soñar es volverte conscientemente alerta a los deseos de Dios quien quiere se hagan realidad a través de ti.
- Soñar es elegir un pensamiento y decirle "Sí."
- Soñar es entregarse a la Mente de tu Corazón, donde la Idea Divina invisible encuentra suelo fértil para crecer y llegar a ser, sin importar las circunstancias externas.
- Soñar es ir un más allá de lo que es . . . a lo que puede ser.
- Soñar es danzar en el campo de todas las posibilidades, salir del cajón, intentar, expandirse y crecer, elegir ser un vehículo de la Manifestación Divina.
- Soñar es el primer paso para recibir el REGALO de las INTENCIONES.

## Hacer...

Esta segunda palabra de acción en la tarjeta de REGALO nos es muy familiar. En nuestras vidas tan ocupadas, constantemente estamos en acción. Nuestro "hacer" es dirigido externamente. Está enfocado al mundo de los efectos y circunstancias donde se nos enseña a creer que podemos "hacer que suceda" por medio de la fuerza de voluntad, y de nuestro enfoque físico y mental. Sin embargo, con mucha frecuencia lo que experimentamos es un "arreglo" temporal, o una necesidad de enfocarnos y trabajar tan duro para alcanzar la meta, que lograrlo toma toda nuestra energía.

La instrucción "Hacer" del REGALO de Establecer INTENCIONES es completamente diferente a eso. Este "Hacer" es dirigido hacia nuestro interior. Este "Hacer" nos pide dar nuestro consentimiento a lo que desea fluir a través de nosotros . . . es decir "Sí" a esa Idea Divina. Demanda que enfoquemos nuestra atención en construir un lugar interno, seguro, nutritivo espiritualmente, para que la INTENCIÓN sembrada forme raíz y germine. Este hacer puede parecer inactivo, incluso pasivo. Pero de hecho es una acción poderosa que requiere el ideal de un medio ambiente nutritivo, enfoque y atención internos. Desde esta perspectiva, "Hacer" . . . significa lo siguiente.

- Permitir a las INTENCIONES originarse en tus sueños.
- Cultivar una confianza interior en tu intuición y dejarte guiar por la inspiración de tu voz.
- Resistir cualquier tentación de limitar tus INTENCIONES al intentar imaginar "cómo" se manifestarán. (La elección depende de ti; el "cómo" depende de Dios).
- Permanecer fuera *de la mente de tu mente* donde se traman los argumentos contra tus INTENCIONES y contra ti como el instrumento perfecto para que se manifiesten.
- Poner tu atención en el presente y hacia lo que estés guiado para hacer ahora.
- Mantener tu atención en la esencia de la INTENCIÓN, no en los detalles.
- Orar afirmativamente porque sabes que, contenido en esta

INTENCIÓN, está todo lo necesario para su completa revelación a la forma.

- Guardar para ti tu creación recién nacida. Sostenla calladamente al calor de tu corazón, tal como lo harías con un bebé, hasta que sea lo suficientemente fuerte para sostenerse por sí sola.

Yo estaba rebosante de entusiasmo por mi silla de playa. Sentí que tenía que decirle a mi esposo cómo planeaba dar a conocer mi glorioso y portátil apoyo a los turistas de las playas y ganar millones. Acababa de establecer mi INTENCIÓN cuando abordé a mi pareja en la mesa de la cocina, donde estaba metido en el periódico matutino. "Amor comencé, "¿Adivina qué? Tuve esta gran idea. . . " Mi entusiasmo estaba muy en alto, pero decayó cuando él recibió mi idea recientemente nacida con intenso escepticismo y negatividad. ¿Cómo creía yo que iba a llevar a cabo esa idea? ¿En dónde iba a encontrar al ingeniero diseñador, la compañía manufacturera, la empresa diseñadora de empaque? "Eres una terapeuta y consultora, no una diseñadora de productos," continuó "¿No te estás saliendo de tu campo?" Me sentí devastada . . . una parte de mí estaba convencida de que lo que él decía era verdad. ¿Quién era yo para tener esa loca idea? ¿Cómo iba a lograr que estas cosas se fabricaran y se lanzaran al mercado? ¿Quién me creía que era? Así, después expuse débilmente mi idea a otro miembro de la familia y a un amigo cercano, solamente para recibir la misma clase de preguntas desafiantes e incredulidad, y lentamente dejé ir la idea.

"Hacer . . . permite que tus sueños sean alimentados en el espacio del silencio y el estado de maravilla tanto como lo necesiten. Hacer . . . respeta la magia de la manifestación, mientras los pensamientos de Dios tus co-ideas, se converten en tus co-planes, y más tarde tus co-creaciones, todo a su debido tiempo. Lo que nos lleva a la última palabra de las instrucciones para este REGALO.

## Suéltate...

La diferencia entre metas e INTENCIONES, para nuestros propósitos, son aquellas declaraciones a las que agregamos apegos. En la forma tradicional de establecer metas, escogemos lo que queremos lograr y hacemos una lista de objetivos específicos que nos dicen cómo, cuándo y por cuáles medios las cumpliremos. Por su parte, las INTENCIONES no tienen apegos adicionales, sino sólo nuestro acuerdo para servir como vehículo a través del cual se manifiesten. Cuando establecemos la INTENCIÓN nuestro trabajo es permitir que ese proceso tome lugar a través de nosotros sin preocuparnos por el resultado.

... Fue casi 18 meses después durante un vuelo, cuando al hojear un catálogo del avión vi, a todo color, la silla de playa que yo había soñado e intentado producir. La Idea Divina había encontrado otra mente y alma dispuestas, a través de la cual realizar este sueño. Yo me había dado por vencida en la creencia de que era demasiado pequeña (y tonta, inexperta y pobre) para lograrlo. Me había "soltado" negativamente de la idea de realizar la silla de playa, al dejar que mi ego me acallara por el miedo y la duda. Pero ese soltar negativo está lejos de ser el salto de fe del que estamos hablando. Aquí Soltar significa dejar ir cualquier preocupación acerca de cómo una idea se realizará.

En vez de "Hacer" lo que mi Mente del Corazón me pedía (mantener el espacio para que la idea tomara forma), había permitido que mi sueño de la silla de playa fuera pisoteado por las preocupaciones del quién, cómo, cuándo y dónde, antes de que tuviera la oportunidad de echar raíces, con lo cual negué a Dios Su parte en nuestra co-creación. Este paso final del proceso de Establecer INTENCIONES está contenido en una frase familiar "Suéltalo y déjaselo a Dios." Al dejar el "cómo" a Dios, somos libres para mantener fielmente nuestra atención en la esencia de nuestras INTENCIONES. Mientras practicamos el dejárselo a Dios, inevitablemente nuestra confianza crece. Así como también nuestra calma y dedicación para escuchar la voz de nuestra intuición. A través de la inspiración, esa voz está ahí guiándonos momento a momento, para la realización de la Idea de Dios. Es entonces, en verdadera asociación con Dios, cuando podemos dar el REGALO de las INTENCIONES.

# Un Místico Habla Sobre Establecer INTENCIONES

Ernest Holmes, de *La Ciencia de la Mente*

Una de las cosas más importantes que debemos recordar es que siempre somos la causa para la creación de algo en nuestras vidas. Cualquier cosa que nuestra mente ponga en movimiento produce alguna clase de efecto. ¿Producimos los efectos que nos gustaría experimentar? El proceso creativo continuará quieras o no. No podemos derrotar a la Naturaleza en su propio juego porque nosotros somos parte de ese juego. ¿Cuál será el resultado en nuestras vidas? ¿una comedia o una tragedia? Tenemos el libre albedrío para decidir.

Debemos considerar cuidadosamente si estamos dispuestos a experimentar los resultados de nuestros pensamientos. Nunca debe haber daño en ellos, ni para nosotros mismos ni para nadie más. Podemos estar seguros que si hay daño para otros habrá también daño para nosotros. Como sembramos, así cosechamos, pero aquí no hay limitación, porque la Vida Creativa desea darnos todo lo que podamos usar. Si mantenemos nuestro pensamiento fijo en la idea de que esta Energía, la cual también es Inteligencia, comenzará a tomar esta forma. Si cambiamos el deseo entonces

Ella cambiará la forma. Por lo tanto, debe haber un propósito definido en nuestra imaginación.

Somos tan Uno con el Todo que lo que es verdad de Él es también verdad de nosotros. Somos uno con la Sustancia no manifiesta, cuya única ocupación es siempre tomar forma y somos uno con la Ley que da la forma. Todo el orden es uno de *deseo espontáneo, manifestación espontánea*. La Ley sigue a la palabra así como la palabra sigue al deseo. El deseo surge de la necesidad de auto expresión del Universo.

# Historia de Éxito Personal

## Un Momento de la Vida Real de

### Establecer INTENCIONES

#### Por Mo Rafael

Una helada mañana a fines de noviembre cuando me vestía, al ponerme las botas, pensé oír, "¿Estás segura que deseas ponértelas hoy?" Segura de que no había oído realmente tal cosa, procedí a calzarme la bota izquierda. Y cuando estaba a punto de levantar la derecha, la pregunta me llegó otra vez. Esta vez supe que había oído lo que pensé que había oído, pero estaba tan confundida que sólo seguí adelante con lo que hacía. Finalmente, con las botas ahora en ambos pies, escuché inequívocamente la pregunta por tercera vez, "¿Estás segura que quieres usar tus botas hoy?" Yo no sé si enuncié en alto mi contestación o sólo la pensé en mi cabeza, pero claramente recuerdo mi respuesta, "¡Sí, así es, tengo frío y mis botas mantienen mis pies calientes!".

Unas horas después, con mis botas puestas, perdí el paso y di un gran resbalón en el suelo de mi cochera. El sonido del impacto no fue hermoso . . . había roto mi rodilla izquierda. Durante las seis semanas de casi inmovilidad que siguieron a una cirugía abierta de rodilla, y a las muchas semanas de dolorosa rehabilitación, tuve mucho tiempo para pensar otra vez en esa mañana . . . para sentir lástima por mí misma, arrepentirme, lamentar mi torpeza, y estar enojada por no prestar atención a la voz de mi intuición. Afortunadamente, durante ese mismo período de tiempo, estaba en una clase de Prosperidad con la Reverenda Diane. Uno de los principios fundamentales de la clase es el poder de la INTENCIÓN, establecer claramente nuestra INTENCIÓN, o sea lo opuesto a permitir que los viejos hábitos nos vuelvan a hacer tropezar con la misma piedra. Así que supe que si no quería atorarme de nuevo en ese ciclo emocional negativo tan familiar de la auto-compasión, remordimiento e ira oculta en mi interior, podía en cambio elegir conscientemente ir en una dirección positiva. Y, con la oración y enfoque de la clase como apoyo, eso fue lo que hice. Establecí estas INTENCIONES: aceptar lo que había pasado, abrirme a la bendición de desacelerarme, y de aprender a pedir ayuda cuando la necesitaba (¡Algo difícil para mí!), y poner atención a mi voz interior, sin importar qué tan triviales pudieran parecer sus sugerencias.

Al principio me preguntaba cómo iba a arreglármelas para mantener ese compromiso conmigo misma, porque estaba muy acostumbrada a no estar sintonizada con mi intuición, a no ponerle atención, a discutir con ella y a invalidarla. Pero la bendición de mi rodilla fracturada estaba frente a "mi cara" todo el tiempo. Cada paso que daba y cada actividad que ya no podía hacer con facilidad – o incluso sin dolor – me recordaban que había establecido la INTENCIÓN de ponerle atención a mi intuición. Puedo honesta y alegremente decir que la fortaleza que me dio establecer mi INTENCIÓN (apoyada por la inmovilización de una parte de mi cuerpo en la que tanto había confiado) fue lo que me "llevó al otro lado," o sea, hacer exactamente lo que había establecido en mi INTENCIÓN. Pasé muy poco tiempo en la curva de aprendizaje de "intentar aprender cómo hacerlo." En cambio, me encontré simplemente aceptando mi INTENCIÓN sin cuestionarme … y con frecuencia sorprendida por la facilidad de lograrlo. Estaba igualmente sorprendida por la cantidad de pequeños milagros cosechados al seguir mi intuición: alcanzar a alguien por teléfono, justo cuando estaba a punto de salir de la ciudad por tres semanas; tomar un libro y encontrar un recibo que había buscado por casi un mes; detenerme en un a tienda de segunda en la que nunca había estado antes, y encontrar una silla que hacía juego con otra que una amiga me había dejado cuando se cambió. . .

Pero imaginen mi sorpresa cuando un "gran milagro" sucedió casi cinco meses después de mi accidente. Después de salir de la iglesia un domingo de abril, ansiosa por sentarme a disfrutar un delicioso y tranquilo desayuno, antes de siquiera poner mi mano en la puerta del refrigerador, escuché a mi voz intuitiva decir "ve al Día de la Tierra (fiesta anual)." Inmediatamente, tuve una serie de excusas y racionalizaciones para no continuar en mi INTENCIÓN de seguir mi intuición: Y empezaron los pretextos "¡Realmente no me gustan las muchedumbres!" "He estado ahí, ya lo he hecho . . ." y "¡Estacionarse será imposible!" Pero el flujo de energía puesto firme y consistentemente en mi INTENCIÓN, lo superó todo . . . Lo siguiente fue despedirme de mi compañera de cuarto y dirigirme a la puerta con una barra de proteína en la mano.

Hmmm . . . el tráfico no estaba tan malo, el estacionamiento era "imposible" excepto por el espacio tan cercano a la entrada al Parque Balboa que conseguí, el gentío era intenso pero cuando caminé al ritmo elegido, un sendero pareció abrirse justo frente a mí. O.K., ahí estaba yo. "¿Pero para qué? ¡Me preguntaba! Miré alrededor y mi vista cayó en un altero de volantes verdes sostenidos con una roca de playa para que no volaran por la brisa:

¡Gane un Auto Gratis Hoy! Completamente Eléctrico – Cero Contaminación. "¿De verdad?"

Entonces caminé hasta el extremo del parque. Y ahí estaba ... un pequeño Ford llamado "Piensa" Vecino. Era un gracioso carrito azul, realmente la cosa de aspecto más curioso que había visto en una plataforma, desde la de Bullwinkle. (Durante mi niñez una estatua que se burlaba de la figura de las coristas de Las Vegas y que daba vueltas, estaba cerca de mi casa en una plataforma en el Sunset Boulevard). De hecho, la rareza de ver al Ford Piensa sobre una plataforma me trajo tiernos recuerdos de mi niñez y, entonces establecí la INTENCIÓN de ganármelo.

Había mucha gente alrededor del auto mirándolo, y otra multitud rondando en torno a la cabina por donde se entraba al sorteo. Mientras esperaba en la fila para recoger la forma para entrar a la rifa, me impactó saber que para participar en la rifa, primero debía responder a diez preguntas y tener todas las respuestas correctas

Desanimada, decidí renunciar. ¡Era demasiado! Pero apenas había dado varios pasos firmes hacia la salida del parque cuando mi INTENCIÓN me empujó de vuelta. Me tomó otros 30 minutos hacer las rondas de cabina a cabina para obtener las respuestas a las condenadas preguntas. Pero finalmente entregué mi hoja de respuestas, las hice revisar, y por fin se me dio el siga para entrar a la rifa. Completada mi INTENCIÓN, me dirigí a casa.

El dia siguiente recibí la noticia ... ¡SÍ! era la nueva y orgullosa dueña de un adorable auto eléctrico para cuatro pasajeros completamente nuevo.

P.D. Este auto de aspecto chistoso por cierto, le da un significado completamente nuevo al término "viajar con alegría." Las cabezas voltean y una sonrisa ilumina cada rostro cuando paso con el "cochecito" por las calles de mi pueblo natal (Encinitas, California) a la velocidad máxima de 25 millas por hora.

# Da Tu REGALO: PRÁCTICA

## Instrucciones para abrir el corazón
## Establecer INTENCIONES

### EL MAPA DE LA MENTE DEL CORAZÓN:
### Mis INTENCIONES Divinas

Llama a tu Socio de Oración para Prosperidad y hagan una cita para realizar juntos este ejercicio. Prepárense revisando las siguientes instrucciones y reúnan los materiales necesarios. Lo más importante, preparen su consciencia para la práctica de cambiar su atención, de la mente de su mente a la Mente de su Corazón. Una forma simple de hacer esto es aquietarse y poner la atención en su cerebro físico. Luego conscientemente cambien su atención hacia abajo, hacia el área del corazón físico. Mientras practican, dense cuenta cómo se siente realmente la diferencia en el cuerpo cuando se cambia la atención de su cabeza hacia el interior de su corazón. Cuando tu atención está en la Mente de tu Corazón te conectas a la dimensión de Todas Las Posibilidades y puedes tener acceso en su totalidad, a las oportunidades soñadas que te esperan ahí.

### Artículos que necesitarás:

- Un tablero grande u otro artefacto de tu elección (Una persona en una clase de 5 REGALOS utilizó un porta fotos de alambre con ocho brazos y puso sus Divinas INTENCIONES en cada extensión.)

- Plumas y lápices de colores, pinturas o otro medio para codificar con un color cada Dimensión de Vida
- Una Mente del Corazón abierta

Puede que estés familiarizado con Mapas del Tesoro o Mapas Mentales. Ambos son ejercicios para asistirte a alcanzar tus sueños y tus ideas creativas. Pero el siguiente Abre Corazones es un poco diferente a cada uno de ellos y sin embargo toma del poder de ambos. La idea clave para crear un **Mapa de la Mente del Corazón** estriba en empezar con Quién tú eres en el centro de tu mapa … tu Yo SOY. (Ver la ilustración en la página 51). El título YO SOY es el nombre de Dios para ti. Nadie más lo puede reclamar.

Dibuja un corazón en torno a tu YO SOY, en cualquier color que te recuerde que este ejercicio debe salir de la Mente de tu Corazón. Enseguida, rodea el corazón central YO SOY con ocho corazones más, cada uno de un color diferente. Etiqueta cada uno con una Dimensión de Vida. Las ocho dimensiones de vida son:

- Crecimiento Espiritual
- Profesión- ocupación
- Relaciones Familiares
- Finanzas/Inversiones
- Diversión/Juego
- Salud/Bienestar
- Amor/Amistad
- Crecimiento Personal/Educación

Ahora viene la parte divertida que haces con tu Socio de Oración para Prosperidad. Juntos, tomen diez minutos para meditar y conectarse con la Inteligencia Divina dentro de la cual están inmersos. Permítanse a sí mismos llevar su atención hacia adentro de la Mente de Su Corazón, mientras ocurre cualquier idea preconcebida de deseos pasados, o cualesquiera pensamientos de limitación. Relájense profundamente y permítanse escuchar a su Voz de Inspiración interior. Cuando completen la meditación, permanezcan en silencio y permítanse ser atraídos a uno de esos corazones en su mapa de Dimensión de Vida. Empiecen a crear "rayos" de INTENCIONES que emerjan de ese corazón y que exprese cada uno una INTENCIÓN específica que se tenga para esa Dimensión de Vida. Permanezcan con el corazón abierto y profundamente conectados a las Ideas Divinas que desean que lleguen a través de ustedes. Continúen este ejercicio creando ocho rayos de INTENCIONES en torno a cada Dimensión de Vida. Observación: para cada Dimensión de Vida usa un color diferente, así puedes identificarlas fácilmente más tarde.

Cuando se sientan satisfechos, asegúrense de poner la fecha a su Mapa de la Mente del Corazón. Tomen unos momentos para sentir placer por todo lo que han logrado y para declarar cada una de sus INTENCIONES como una Co-creación Divina. Entonces puedes regresar a tu espacio meditativo y esperar a que tu socio termine también su Mapa de la Mente del Corazón. Y cuando ambos hayan terminado, los invito a orar para afirmar que, sin importar el "cómo," saben y confían que estas INTENCIONES se cumplen por Aquello que las inspiró en ustedes.

# MAPA DE LA MENTE DEL CORAZÓN
## Mis INTENCIONES Divinas
*Fecha* _____

### INTENCIONES Divinas
En la parte de arriba de la Línea del "Rayo"
Ejemplo: *caminata en el campo cuatro veces al año*

### CUALIDADES DE DIOS
En la parte de abajo de la Línea del "Rayo"
Ejemplo: *Serenidad, Belleza, Amor, Armonía, Abundancia, Paz*

### DIMENSIONES DE VIDA (Corazón)
Crecimiento Espiritual
Profesión
Relaciones Familiares
Finanzas/Inversiones
Diversión/Juego
Salud/Bienestar
Amor/Amistad
Crecimiento Personal/Educación

Caminata en el campo

Belleza

Diversión Juego

**Yo Soy**

Crea un mínimo de ocho "Rayos" que salgan de cada Dimensión de Vida. Codifica con un color cada Dimensión de Vida y sus "Rayos" de INTENCIÓN Divina. Crea los "Rayos" anclados en meditación de la Mente de tu Corazón.

# RECONÓCETE A TI MISMO

## ¡Date el REGALO de Establecer INTENCIONES para Ti!

Celebra el recibir y dar el REGALO de Establecer INTEN-CIONES con tu Socio de Oración para Prosperidad. Identifica en tu Mapa de la Mente del Corazón un "rayo" que irradia de tu Dimensión de Vida para Diversión/Juego. Si dos participan en la actividad, pongan una fecha y tiempo para manifestar esta Idea Divina. Si la idea es solamente para uno, pide su apoyo a tu Socio de Oración, y permite que se te manifieste en los próximos siete días. ¡Disfruta la bondad de la co-creación con Dios!

# CAPÍTULO 4

# MANIFESTACIÓN DE INTENCIONES

Da y Recibe

Tu "copa está colmada," ¡la mesa para el banquete está rebosante de abundantes deseos maravillosos! Del reino de todas las posibilidades, has usado tu imaginación y la Inspiración Divina para reclamar las Ideas Santas que quieres expresar en ocho áreas de tu vida. Y has permitido que una de esas INTENCIONES, de la Dimensión de la Vida de Diversión/Juego en el Mapa de la Mente del Corazón se manifieste en tu vida como una recompensa por rendirte a la idea espiritual de quién eres. ¿Y ahora qué más?

Averiguemos cómo usar este mapa. Ciertamente has notado que no se parece en nada a los mapas que guardas en la guantera del coche. No encontrarás marcados caminos, carreteras, ni calles laterales. No te muestra las rutas necesarias para lograr tus sueños. No te muestra dónde dar la vuelta o qué tan lejos ir por algún camino. Tu mapa es el mapa topográfico de tus deseos (sueños) que delinea los contornos y rasgos (dimensiones) de tu vida. Por su misma naturaleza es una vista aérea, vista del YO SOY de tu vida. Para utilizar el poder de este mapa debes activar las últimas instrucciones para el REGALO de INTENCIONES: ser libre. Si te mantienes en lo más alto de la montaña de tu YO SOY, le permites a Dios hacer el trabajo de manifestar los resultados que esperas.

En *Las Siete Leyes Espirituales de Éxito*, Deepak Chopra escribe: "Una característica del campo de todas las posibilidades es la correlación infinita. El campo puede organizar una infinidad de sucesos de espacio y tiempo para lograr el resultado de la

INTENCIÓN, pero cuando te apegas, tu INTENCIÓN se encierra en un estado mental rígido y pierdes la fluidez, la creatividad y la espontaneidad inherentes en el campo. Cuando estás apegado, congelas tu deseo en un armazón rígido, que lo aparta de la fluidez y flexibilidad infinitas, lo que interfiere con todo el proceso de creación."

Es al dejar ir y dejar a Dios, mientras que a la vez mantienes tu atención en tu INTENCIÓN como ya realizada, que liberas cualquier necesidad de hacer que algo suceda. En lugar de usar tu fuerza de voluntad en una lucha porque algo suceda, descansas en la confianza en Dios de que aquello que es para tu mayor bien se realizará en el tiempo y espacio perfectos para tu vida.

En *El Sendero de Rosas*, D. Larson escribe "Debemos despertar la causa espiritual antes de poder conseguir el efecto físico; pero es solamente por medio de la fe como podemos tener acceso al mundo causador espiritual. La fe produce unidad espiritual, y cuando somos uno con el espíritu empezamos a ser conscientes de la vida, la riqueza y el poder del espíritu. En consecuencia causamos que todo lo que está en el espíritu se manifieste en el cuerpo, porque lo que ganamos en consciencia en nuestro interior, invariablemente lo expresamos en el exterior.

La Fe es el instrumento que usamos para lograr el contacto consciente con la esencia espiritual—la cualidad de Dios—detrás de cualquier INTENCIÓN física, que hemos sido inspirados a reclamar. Es verdaderamente, la cualidad de Dios de Aventura, (o de Unidad, o de Belleza o de Libertad) que está queriendo expresarse a través de nosotros cuando experimentamos el deseo de viajar. De hecho, contenidas dentro de cada una de las 64 o más INTENCIONES identificadas en tu Mapa de la Mente del Corazón, están una o más de las cualidades de Dios en espera de ponerse en movimiento a través de ti.

Cuando en forma constante ponemos en práctica nuestra fe en

la Idea Divina de nuestras vidas, nos alineamos con el YO SOY de nuestro ser. "La Fe es la sustancia de las cosas deseadas, la evidencia de las cosas que no se ven" (Heb. 11:1). Practicar la fe pura es tener una inquebrantable creencia en la INTENCIÓN, y es aceptar y confiar en que la idea no sólo es posible sino que se manifiesta en el momento perfecto para nuestro mayor bien. La fe es una convicción espiritual de la que sabemos contiene mayor poder que cualquier apariencia material o resistencia. Así, en la fe, podemos rendirnos a la visión de nuestro YO SOY y saber, al nivel más profundo de nuestro ser, es el Padre/Madre Dios dentro de nosotros quien hace el trabajo. Es mediante la activa práctica de la fe que podemos saber que nuestras oraciones se contestan, incluso antes de que las hayamos proferido. Afirmamos que nuestras INTENCIONES están colmadas y se realizan sin nada más de nosotros que nuestra elección y acuerdo consciente para permitirles manifestarse a través de nosotros.

Sólo fe se requiere mientras "esperamos en el Señor" para que traiga la causa invisible al mundo de los efectos. Aquí están dos muy prácticos pasos de acción de fe que tú puedes tomar para mantener a tu dudosa mente de la mente (ego) feliz.

## Bajando la Pantalla de Ansiedad

Frente a tus INTENCIONES aún-por-realizarse, tu ego bien podría empezar a experimentar miedo. Nota cómo inmediatamente levanta una pantalla de ansiedad. Él piensa que debe convencerte que no eres digno de tan elevadas INTENCIONES, o de que tus sueños son imposibles de alcanzarse. Al activar el Principio de la Fe, tú puedes usar tu fuerza de voluntad—no para hacer que algo suceda en el mundo de los efectos—sino para atenuar esa pantalla de ansiedad. Entonces eres libre para superarla y mantener la atención en tu INTENCIÓN. Al enfocarte tu intención, en lugar de en las barreras que tu ego percibe, te mantienes abierto al campo de todas las posibilidades para que atraiga a ti el resultado deseado.

Un estudiante del curso de ¡5 REGALOS para una Vida Abundante!® utilizó esta actividad de fe de un modo maravilloso. Robert no había hablado mucho durante las primeras semanas, y tuve la impresión de que estaba un poco abrumado por todas las ideas presentadas. (¿Te identificas con él?) Durante la semana de "Establecer INTENCIONES" había compartido sin entusiasmo y brevemente, su Mapa de la Mente del Corazón, aparentemente apenado por su simplicidad entre las multiples de presentaciones creativas de otros estudiantes. Una animada discusión sobre cómo bajar la pantalla de ansiedad había seguido a nuestro tiempo de compartir, y Robert parecía desconcertado por todo eso. Imaginen mi sorpresa cuando vino a clase la semana siguiente casi "explotando de entusiasmo" en su deseo de compartir su historia.

Robert, que se acercaba a los 60 años de edad, le reveló a la clase que había estado desempleado por muchos meses, debido a una fusión corporativa. Contó que cada mes que pasaba sin entradas su dinero disminuía, lo que había contribuido a su ansiedad al grado de sentirse desesperado por la situación. Los reportes de los medios sobre la economía local y nacional, así como las desfavorables estadísticas de empleo en su campo para personas "mayores," habían convertido la pantalla de ansiedad de Robert en un verdadero muro.

Nos compartió que lo único que podía hacer en su desesperado estado de ansiedad era mostrar calma y seguridad ante su posible jefe cuando era entrevistado para un empleo tan deseado y esperado. Entonces, cuando fue seleccionado como uno de los tres finalistas para el puesto, nos dijo que se sintió casi paralizado.

Mientras se encontraba en el lobby de la oficina donde la segunda entrevista tendría lugar, de repente se dio cuenta que: su pantalla de ansiedad era mucho más amenazante que su problema.

Lo reconoció, vio que inconscientemente había creado una pantalla que bloqueaba por completo la manifestación de su INTENCIÓN de obtener ese trabajo con buen sueldo, y de poner sus grandes talentos a funcionar otra vez. Enfocándose en la lección del curso de los 5 REGALOS, sobre cómo bajar conscientemente la pantalla de ansiedad decidió, "¡Es ahora o nunca!" Visualizó esa gran pantalla de ansiedad entre él y su INTENCIÓN bajando lentamente al suelo. Y con el ojo de su mente la pisó mientras caminaba hacia su entrevista.

Dijo que sintió una liberación física en sus entrañas, en el momento en que soltó la preocupación y avanzó en la fe. Ante una ovación de pie, le dijo a la clase que iniciaría su nuevo trabajo en una semana, y que pensaba dar el DIEZMO . . . sobre un ingreso que era más de lo que él jamás había ganado antes. Bajar la pantalla de ansiedad es un ejercicio de fe, permite liberarnos a nosotros mismos de las garras de la ansiedad, del miedo y de la minusvalía y nos lleva a un lugar de unidad y fe en nuestras INTENCIONES y deseos.

## Viéndolo Bien

Cuando el ego sabe que no puede entregarnos las INTENCIONES que nuestra Mente del Corazón desea, otro de sus trucos favoritos es intentar forzarlo a que suceda, para "arreglar" las circunstancias del mundo externo. La mente de la mente sólo sabe como operar en el mundo material. Es una perfecta extraña en el plano espiritual. Por lo tanto, podemos darnos cuenta de toda esa manipulación del ego cuando lo único que queremos cambiar son las circunstancias de nuestras vidas al percibirlas como "erróneas" al tratar de hacerlas en forma "correcta." Todos hemos sentido este esfuerzo de controlar y enderezar las cosas cuando nos confrontamos con lo que parecen ser obstáculos abrumadores. Por ejemplo, obtenemos un segundo empleo para poder costear ese viaje soñado a Egipto; nos ponemos a dieta severa para poder vernos bien y atrapar al chico o chica de nuestros sueños; nos inscribimos en tres clases simultáneas de metafísica para obtener crecimiento espiritual en poco tiempo. Mientras todas estas actividades en sí mismas podrían contribuir a realizar nuestros sueños, lo que hacen es evitar que pongamos nuestra atención donde realmente se necesita, porque estamos concentrándonos en "condiciones" más bien que en ser conscientes. Nuestra atención debe estar en la INTENCIÓN y a nuestra aceptación incondicional en ella.

Recordarás que tener una Vida Abundante significa cambiar tu consciencia. Este viaje de nuestras vidas a la visión de Dios es un trabajo interno. Si sólo derramamos nuestra energía en el mundo de los efectos, sin hacer el trabajo interior de cambiar nuestra consciencia para personificar esa cualidad de Dios que quiere expresarse a través de nosotros, entonces trabajamos en vano. En lugar de mañosamente intentar que algo suceda "como sea," mantengamos nuestra atención en nuestra INTENCIÓN. Pongamos nuestra energía en ver y creer que se manifiesta correctamente en nuestras vidas—al visualizarlo en perfección. Así mantenemos al ego en control y a nosotros en equilibrio. Simplemente recuerda "¡No lo fuerces, visualízalo ya realizado!".

## Oración

Con el REGALO de las INTENCIONES te comprometes a estos Principios Espirituales de la consciencia mientras te diriges a la realización de los sueños y aspiraciones que estableciste en tu Mapa de la Mente del Corazón. Falta sólo una cosa necesaria para el viaje a tu nueva vida—quizá la más importante—La Oración. *La Oración* es la que despliega todos los contenidos de tu consciencia, y cuando se usa en reverencia y con sentimiento, será la expresión completa y la culminación de todo.

Una vez más, busquemos inspiración en *El Sendero de las Rosas*, de Christian D. Larson: "Orar con el sentimiento de saber que todo esta dispuesto de antemano para satisfacernos, es combinar el deseo de expresión con la realización de que ya lo posemos, y así cumplir completamente con la ley de abastecimiento. En esta actitud tenemos fe, y es solamente a través de la fe que podemos entrar en el espíritu de aquello que deseamos poseer para verdaderamente poseerlo . . . cuando nuestra oración por aquello que deseamos es fortalecida por la fe auténtica de ya haberlo recibido, borramos todas las dudas y las barreras y entramos de inmediato en la posesión real y consciente de ello."

La Oración es el camino para convertirnos en nuestras INTENCIONES, para manifestar nuestros sueños. Es a través de la oración que activamos la fe en Dios que nos permite que lo que Él quiere expresar a través de nosotros se convierta en nuestra experiencia de vida. La Oración nos alinea con nuestro Ser Superior, nuestro más profundo propósito, nuestro plan de vida, nuestro Mapa de la Mente del Corazón. Al ir a Dios sabemos y pedimos – no con ruegos, regateos o súplicas. (Ver el Apéndice para una discusión sobre la oración.) Por medio de la Oración fortalecemos nuestra consciencia de Quienes somos (Seres Divinos) qué tan merecedores somos, qué tan seguros estamos de que lo que reclamamos es por nuestro mayor bien, qué tan agradecidos estamos de que la INTENCIÓN ya es nuestra en la Mente y Corazón de Dios, y qué tan dispuestos estamos de soltar y permitir que Dios lleve a cabo los anhelos de nuestro corazón.

Cuando oramos, sabemos y sentimos que lo que deseamos ya es nuestro, nuestra consciencia está envuelta en la fe y confianza **de Dios** para permitir a las semillas de nuestros deseos crecer y florecer. Cuando oramos apasionadamente con frecuencia, y con verdadera fe y desapego, cosechamos las bendiciones contenidas dentro de nuestra oración. Reconocemos a la Oración como el poder para cambiar la consciencia. Y una consciencia cambiada revela una vida renovada . . . ¡Una Vida Abundante!

Aquí tienes las herramientas para manifestar tus INTENCIONES. Revisémoslas.

- Suéltate: ¡Deja ir y deja hacer a Dios! . . . Simple pero no fácil.
- Practica la fe en la Idea Divina, baja la pantalla de la ansiedad y ve tu deseo ya realizado en vez de forzarlo.
- ¡Ora!

Prepárate para experimentar las manifestaciones que están a punto de realizarse en tu vida.

# Un *Místico Habla sobre* Manifestar INTENCIONES

Alan Cohen
De *Un Profundo Aliento de Vida*

### Consciencia, no Condiciones

Una de las preguntas que con más frecuencia me hacen es, "¿Cómo sé si algo por lo que estoy orando es para mi mayor beneficio? ¿Qué tal si estoy imponiendo mi voluntad sobre la de Dios? ¿Cómo puedo darme cuenta si mi petición es inspirada por el amor o determinada por mi ego?"

Yo sugiero una regla general que consiste en asumir que tus inspiraciones vienen de la intuición correcta, y actuar con autoridad.

De vez en cuando quizá cometas un error, pero con el tiempo estarás muy adelante de donde estarías si asumes que tus intuiciones son guiadas por el ego y no haces algo.

La verdadera respuesta a la pregunta anterior es entender que lo que buscas no son en realidad condiciones, sino consciencia. Podrías estar orando por un BMW nuevo, pero lo que realmente quieres es saberte un ser abundante de un rico universo. Podrías estar en busca de una alma gemela, pero detrás de tu busqueda está la búsqueda de saberte amado y apreciado. Podrías desear tener una grabación que fuese un *hit* de la música pop, pero detrás de ese deseo está el sentirte reconocido e importante. Puedes obtener condiciones, pero si no tienes consciencia, estarás siempre en la búsqueda y lucha por más condiciones. Sin embargo si tienes consciencia, las condiciones usualmente se manifestarán en forma automática, y aun si no lo hacen, estarás firme de tu integridad.

Si no estás seguro de estar orando por lo correcto, completa tu oración con las palabras "esto o algo mejor." Di a Dios (y recuérdatelo tú mismo), que estás haciendo lo mejor que puedes con lo que sabes, y si hay algo disponible más maravilloso, estás dispuesto a ceder tu idea actual por esa imagen mayor.

# Historia de Éxito Personal

## Un Momento de la Vida Real en la Manifestación de INTENCIONES

### Manifestación en Paz y Gracia
#### Por Vivianne Thomas

Decidimos que íbamos a crear varitas de oración durante el cuarto encuentro de nuestro curso ¡5 REGALOS para una Vida Abundante!

Llegué a clase ese lunes por la noche, con una vara que encontré durante una excursión de verano en Montana y una pequeña roca de playa con un hoyo en su centro. La clase comenzó como de costumbre con una meditación de apertura y una oración. Fue durante la meditación cuando la INTENCIÓN especial para mi vara de oración me llegó – encontrar mi complemento divino. Cuando la meditación terminó escribí en un papelito mi INTENCIÓN en forma de oración. Entonces empecé a seleccionar el resto de los materiales que usaría para mi vara de oración de las dos mesas apiladas de materiales: varas de eucalipto y de roble, rafia, hilos de colores, piedras, cuentas de todas formas y tamaños, plumas, campanas, y muchas cosas más.

Para hacer nuestras varas de oración primero envolvimos nuestra INTENCIÓN escrita alrededor de las varas elegidas y entonces las decoramos como se nos ocurrió. A lo largo de este proceso creativo permanecimos en silencio, centrados en la sensación de que nuestra INTENCIÓN ya se había manifestado. Cuando terminamos el proceso de creación, me sentí increíblemente empoderada al pararme en un círculo con mis otros 30 compañeros mientras pasábamos las varas de oración de mano en mano, dándoles nuestra bendición a todas y cada una, durante su recorrido alrededor del círculo.

Al paso de la semana, podía literalmente sentirme animada a conocer un hombre maravilloso. El domingo era Día de las Madres. Hice planes con una amiga para ir al Parque de Animales Salvajes fuera de San Diego, pero en el último minuto ella me canceló la cita. Algo profundo dijo dentro de mí, "Ve de cualquier modo. Celebra el Día de las Madres con todas esas mamás animales."

Estaba en el Parque a la hora de abrir, y mi voz interior inmediatamente me envió a "Condor Hill," un área que nunca había visitado antes. Unos minutos después de mi llegada, vi a un hombre agradable y bien parecido caminando junto a mí. Nos sonreímos uno al otro y nos dijimos "hola." Entonces continuó su camino. Anduve por ahí un tiempo y entonces luego me dirigí a la bajada de atrás de la colina. Cuando casi había llegado al pie de la colina, lo vi otra vez. Estaba sentado en una banca. Al acercarme su cara se iluminó y me deseó un feliz Día de las Madres. Lo siguiente en mi recuerdo es estar sentada junto a él en medio de risas y charla como si nos hubiéramos conocido por años.

Pasamos juntos muchas horas deliciosas durante las siguientes seis semanas. Desde el principio nuestra relación fue abierta y segura, a un grado como yo jamás había experimentado antes con un hombre. Aunque me entristecí cuando tomamos la decisión mutua de ir por caminos separados, me dejó un buen sabor de boca y agradecimiento por todo lo que recibí de principio a fin. Ahora conozco lo que es verdaderamente posible en una relación de amor, y comprendo el poder de mi propia INTENCIÓN para crear lo que quiero en mi vida.

# *DA TU REGALO: PRÁCTICA*

## Instrucciones Para Abrir Corazones y Manifestar INTENCIONES

### Orar es Saber

*"Donde dos o más se reúnen en mi Nombre, allí estoy yo, en medio de ellos."(Mateo 18:20)*

Llama a tu Socio de Oración para Prosperidad y compartan este ejercicio. Tomen sus mapas y revisen todas las INTENCIONES divinamente inspiradas escritas ahí. Ahora, tomen de cinco a diez minutos para cerrar sus ojos y entrar al silencio. Durante esta breve meditación, permitan que surjan las INTENCIONES que les llegaron por medio de la intuición e inspiración Divinas. También observen cualesquiera pensamientos que puedan restar apoyo a su posesión y afirmación de la idea de Dios para su vida. Del ramillete de tus sueños y deseos, elige una INTENCIÓN que intuitivamente sientas con más fuerza que quiere abrirse y florecer. Toma un momento para sumergirte en esta INTENCIÓN. Siéntela. Visualízala. Óyela. Huélela. Pruébala. Permítete poseer completamente esa cualidad de Dios, y la experiencia de esa cualidad de Dios. Siente esa INTENCIÓN como ya manifestada en tu vida. La ciencia dice que la mente no sabe la diferencia entre lo que es vívidamente visualizado y lo que realmente ve.

Al surgir de este espacio sagrado y meditativo, lleno de la sensación de estar ya viviendo tu INTENCIÓN ya manifiesta, ponla en movimiento creando una oración para ella. El siguiente formato te asistirá a desarrollar una oración afirmativa para ti y tu Socio de Oración para Prosperidad, la cual pueden usar juntos o solos. Por favor observa que las respuestas de tu Socio de Oración para la Prosperidad, vienen en medio de tu oración, y puede omitirse cuando estás orando solo. Sin embargo, sé consciente de que poderoso es para ustedes afirmar la verdad del uno para el otro, al orar juntos diariamente.

## Oración Para la Manifestación de Mi INTENCIÓN

"Yo sé que Dios está presente en todas partes como Amor y Fuente de todo Bien. Dentro de la Omnipresencia de Dios, yo sé que Yo Soy una radiante expresión de la Fuente Divina, y también sé que esto es así en mi Socio de Oración para Prosperidad. Yo soy (Nosotros SOMOS) Uno en Aquello que es Abundancia santa y pura.

Ahora sé y afirmo que Yo SOY una persona que (vive, experimenta, expresa, personifica)_____ _____."

> [Llena el espacio en blanco con tu INTENCIÓN. Ej. Mi entrada anual es $ xxx,xxx; mi verdadero compañero de vida; viajo a India; una práctica más profunda de meditación, etc.)

Respuesta del Compañero de Oración Para la Prosperidad.
"Yo sé que tú eres una persona que _____ AQUÍ y AHORA.

> (Él Repite tu INTENCIÓN)

"Doy gracias por saber la verdad. Agradezco saber Quien- Soy-Yo: un amoroso y glorioso ser de Dios. Yo entrego esta oración al corazón de Dios y le permito que se realice. Amén."

Siempre que te sientas inspirado para hacerlo, sigue tu intuición y responde cambiando o agregando otras INTENCIONES de la Mente del Mapa del Corazón.

La Oración es el poder que cambia la consciencia. ¡Ora y observa que tu vida se convierte en una Vida Abundante!

# *RECONÓCETE*

## ¡Date el REGALO de manifestar INTENCIONES para ti!

¡Crea o compra un como regalo sorpresa para tu Compañero de Oración para la Prosperidad, hónralo y agradécele todas sus contribuciones para el logro de tu Vida Abundante!

# CAPÍTULO 5

# PERDÓN de Otros

## Donar

E ste es el más grande de los 5 REGALOS dejado por el misterioso Extraño aquel día. Parece haber dos cajas dentro de esta bolsa de regalos amarilla, con estampado de girasoles. Tomas la tarjeta y lees el mensaje contenido:

> # PERDÓN
> ## *de uno*
> # MISMO Y DE OTROS
>
> Al Dar Estos REGALOS
> ¡Te Liberas!

Acompañan a la tarjeta las "Instrucciones Generales de Operación" para toda práctica espiritual de PERDÓN. Éstas declaran que ya sea que practiques el PERDON para ti o para otros, las definiciones y principios se aplican por igual. Los lees antes de empezar a desenvolver las dos cajas.

## INSTRUCCIONES GENERALES DE OPERACIÓN: EL PERDÓN

El PERDÓN es una práctica espiritual, no una mental. Cuando intentamos perdonar desde la perspectiva de la mente, terminamos en una batalla de rectitud y separación con la persona misma que estamos tratando de perdonar. La mente, por sí misma, defenderá su derecho a la venganza, y asumirá rápidamente el papel de juez y jurado. En la práctica espiritual de perdonar no hay ego, y los daños que nos causaron pierden su dolencia porque se transcienden los pensamientos y juicios de condenación. Conectamos un alma y la otra con el Ser Verdadero del individuo o del grupo, reconociendo por lo tanto, al Espíritu, la Presencia de Dios dentro de cada uno. El Ser espiritual sólo sabe de Aceptación, Unidad, Alegría y Amor. Sólo busca amar incondicionalmente, y desea una relación amorosa con lo Divino en todo y en todos.

El PERDÓN libera al que perdona. La consecuencia de no perdonar resulta en la misma cosa que no deseas te atas a la persona o situación que estás juzgando o condenando. Con la excusa de la *rectitud* y de las expectativas no cumplidas, vas por el camino de la vida acumulando resentimientos, enojo, culpa, pesares y verguenzas que arrastras detrás de ti, como un costal de piedras. Al ir agregando piedra sobre piedra, la carga de estas emociones, agravada por no querer (o poder) perdonar, se hace más y más pesada

En poco tiempo, quedas tan sepultado bajo el peso de tus reacciones a las heridas y males que experimentaste (incluso los que te causaste tú mismo) ¡que te paraliza la misma cosa de la que querías separarte! Consciente o no, te atoras en el pasado y te pierdes la gloria del ahora. No puedes estar totalmente presente. Tu energía se ata a la carga del apego a aquello que fue y que no llenó tus expectativas. Simplemente, hay menos de ti mismo disponible para el presente; para disfrutar tu salud, tus relaciones, tu trabajo, o la abundancia.

El PERDÓN libera al que perdona ¡Detente y piensa en eso! . . . La única razón de que haya algo qué perdonar, es que alguien no hizo lo que esperabas, o algo no sucedió como querías, y decidiste que ellos deberían pagar por eso. Cuando te enfermes y te canses de estar cansado y enfermo; cansado de ser una víctima encarcelada por el pasado, será el tiempo de pasar a la práctica espiritual de perdonar.

La principal razón para perdonar es reclamar tu propia libertad, no porque quieras dejar que alguien "se salga con la suya." Cuando la pregunta es "¿Qué preferirías ser feliz, libre y amoroso . . . o tener la razón? Permite que tu respuesta sea un resonante "¡Sí!"

EL PERDÓN es terriblemente mal entendido. Como un ejercicio mental, el perdón puede interpretarse como rendirse a las acciones inapropiadas de alguien, condenar su comportamiento, y aún permitir que esa conducta se repita . . . en otras palabras, puede verse como una gran señal de debilidad. EL PERDÓN a menudo ha sido erróneamente identificado con el pensamiento y el sentimiento de poner la otra mejilla. Cuando el perdón se hace desde la mente en lugar de hacerlo desde el corazón, no es más que un desvío espiritual. Bajo el disfraz de hacerlo correcto, tal como "olvídate del asunto" o de ser "el primero en disculparse" fallamos en honrar los verdaderos sentimientos que tenemos. Al no honrar nuestras reacciones humanas naturales – sean emociones de ira, dolor, verguenza o cualesquiera otros sentimientos—nos deshonramos a nosotros mismos. No es de asombrarse que mucha gente haya considerado el perdón como un proceso desagradable ¡Incluso degradante!

Es esencial que entendamos al PERDÓN como la práctica espiritual que es. Cuando proviene de la Mente del Corazón— más bien que de la mente de la mente—la practica es Per-Donar (Para Dar), para dar Compasión, para dar Comprensión y Amor Incondicional a uno mismo y a otros.

Es también importante darse cuenta aquí de que el PERDÓN es nuestro trabajo, no el de Dios. En verdad, Dios se conoce sólo a Sí mismo (Bien) y reconoce todo como perfecto. Es la "humanidad" de nosotros que, a través del don de nuestro libre albedrío, podemos usarlo para vernos a nosotros como separados unos de otros y de Dios. Es nuestra humanidad la que vive del juicio, la condenación y dualidad (bueno/malo, correcto/equivocado) y por lo tanto necesita perdón. Dios como Amor puro e incondicional no tiene razón (ni requerimiento) para perdonar. Nosotros como humanos debemos perdonarnos a nosotros mismos y a los demás.

Otro mito acerca del PERDÓN es que se hace una sola vez, y ya realizado no tiene por qué hacerse nuevamente. En la mayoría de los casos, ese mito no podría estar más lejos de la verdad, el PERDÓN es un proceso que podría tomar años de intención y enfoque para completarse. Cuando el Apóstol Pedro preguntó a Jesús "¿Cuántas veces necesito perdonar, Señor... hasta siete veces?" Jesús respondió, "No te digo que hasta siete veces, sino hasta setenta veces siete" (Mateo 18:21,22) En otras palabras, hazlo hasta que esté terminado. El PERDÓN se completa y concluye cuando hay un sentimiento de apertura de corazón y de GRATITUD plena por la persona, el acontecimiento, y por uno mismo. (No es de sorprenderse que la GRATITUD sea el primero de los 5 REGALOS.

PERDÓN es dominio . . . una práctica. Las reglas para perdonar se diseñan por la Mente del Corazón (nuestra naturaleza espiritual) y debe ejercerse desde ahí, aunque nuestro dolor u otras emociones estén enraizados en la mente de nuestras mentes.

- Al perdonar, recurrimos al Espíritu en cada persona para perdonarlos sin esperar que cambien.
- No hay condiciones en el trabajo del PERDÓN. Nuestra intención es liberar y dejar ir el sentimiento de dolor mientras, al mismo tiempo, no desear nada de la otra

persona, de manera que podamos ser libres.
Reconocemos que esto podría tomar años, e invocamos
las cualidades de paciencia y amorosa amabilidad hacia
nosotros mismos, durante este proceso.

- Nosotros no "perdonamos y olvidamos." Queremos
recordar para poder asegurarnos que lo ocurrido, no
volverá a suceder otra vez.

- No hay desviación espiritual en el PERDÓN. Si tenemos
sentimientos de ira y pensamientos de venganza, debemos procesarlos. Hay poca esperanza de un auténtico y
completo PERDÓN sin el cuidado de la parte
humana/emocional de nuestro ser. Es decir, no se nos
permite usar conceptos de Dios o de ser seres sagrados, y
de que nos sacrificamos como excusas para disfrazar nuestros sentimientos de pena y dolor. Esto no sólo es
verdad para nuestro ser emocional sino también para
nuestro ser físico. Si se necesita tomar acción (por ejemplo, reportar a la autoridad, tomar medidas de protec-
ción, etc.) debemos honrarnos a nosotros mismos y
hacer lo que seamos guiados a hacer.

- Si estamos atorados y no podemos encontrar el perdón
en nuestros corazones, permitámonos estar dispuestos a
estar dispuestos a desear perdonar. Desde ese sitio,
podemos conscientemente crear una apertura a través de
la cual invocar lo Divino dentro de nosotros, y rendirnos
a ello. Con una suavización y una apertura en nuestros
corazones a través de esta rendición, podemos invocar lo
Divino en nosotros para que nos muestre el camino. Al
hacer esto nos percatamos de que SOLAMENTE la presencia del Cristo/Buda dentro de nosotros nos hace ver al
Cristo/Buda dentro de los otros. Perdona 70 veces 7,—
tantas veces como sea necesario.

- Tomamos responsabilidad de lo que nos toca en cada situación, ya sea por el daño que nos ocasionaron o por el que hicimos, liberamos cualquier idea de ser víctimas o haber hecho víctimas a otros. En el plano espiritual, no hay víctimas, sólo Seres Divinos de Dios.
- Podemos y debemos reconocer que ser dadores del Amor Divino nos eleva de la prisión emocional de no perdonar, y nos lleva al plano de la Verdad donde podemos contemplar el Amor de Dios en el otro, liberándonos ambos a nuestra más grandiosa posibilidad de ser.

El PERDÓN es completo cuando vives en GRATITUD por la totalidad de la experiencia. La GRATITUD es el último capítulo en el proceso del PERDÓN. Es al agradecer al otro la experiencia, que tú sabes que haz liberado la carga y todos los apegos. Desde ese lugar de agradecimiento puedes ver los REGALOS que has cosechado de la otra persona, el camino que te ha guiado a amarte a ti mismo más completamente, la perfección del patrón de vida de tu alma. Con un corazón agradecido, puedes vivir en libertad como la Abundancia de Dios.

Dar el REGALO DEL PERDÓN nos hace libres. ¡GRACIAS DIOS!

*Más intrigado que nunca, remueves el primero de los dos paquetes del saco de REGALOS. Está envuelto en papel infantil para cumpleaños— con elefantes rosas y jirafas azules bailando. ¿Por qué este REGALO tan inusual fue incluido con los otros? La etiqueta está bajo un lujoso moño multicolor. Dice PERDÓN de OTROS. ¡Qué extraño! "¿Por qué un regalo tan serio fue envuelto así?" te preguntas. Rasgas el papel y, mientras abres la caja, una pequeña voz familiar emerge. Es una voz que reconoces de inmediato porque es la de tu Niño Interior.*

*"¡Estoy herido! Necesito que me escuches. Necesito que entiendas lo que me pasó. Y necesito que me ames sin importar nada—ni siquiera*

*cuando te diga qué enojado estoy contigo porque no me has puesto aten-*
*ción . . . ¿No comprendes? Tú piensas que me iré si me ignoras, pero no lo*
*haré. No puedo irme porque soy una parte de ti. Soy la parte de ti que*
*retiene los recuerdos de la infancia y los viejos dolores. Y tú tienes que pon-*
*erme atención . . . tienes que amarme y apoyarme para que podamos,*
*juntos, dejar atrás el dolor y los sentimientos que nunca pude expresar.*
*Sólo cuando me ames incondicionalmente podremos perdonar!"*

*Por el momento te sientas ahí en asombrado silencio. Ciertamente no*
*esperabas escuchar una poderosa vocecita salir de ese regalo, pero puedes*
*sentir aún la resonancia de lo escuchado. Tú sabes que ignorar a tu Niño*
*Interior nunca ha funcionado, pero no entiendes cómo el escuchar la voz*
*de tu niño puede prepararte para el PERDON de OTROS. . .*

Hay un aspecto rechazado y herido en todos nosotros. A este
"pequeño ser" se le han dado muchos nombres: ego, mente del
ego, humanidad, niño interior. Aquí se le conocerá simplemente
como el chiquillo. Con toda posibilidad, tu chiquillo ha sido silen-
ciado y abusado desde siempre. Tú creíste en la crítica y amon-
estaciones de tus padres y de otras figuras de autoridad. Fuiste
criticado por tu apariencia ("¡Oh cielo, tu frente es en verdad
demasiado alta!"; tu coordinación ("¡Corres como si tuvieras dos
pies izquierdos!"; tu forma de pensar ("¿De dónde diantre sacaste
esa idea?"); tus respuestas emocionales ("¡Los hombre no
lloran!"), y tu necesidad de pertenencia ("Los niños educados no
abren la boca hasta que se les pide"). Decidiste que no era salvo
ser quien eras, y que no podrías obtener el amor que desesperadamente deseabas si permitías presentarte en tu forma natural.
Como todos nosotros, en algún punto de tu vida temprana
tomaste la decisión de que el chiquillo necesitaba ser reprimido,
así que dejaste de ser tú.

Con el paso del tiempo realmente llegaste a creer que habías
terminado con el chiquillo. Pero la verdad es que el chiquillo no
se fue, sólo te hiciste olvidadiso de él . . . aún cuando a lo largo de

tu vida ha continuado actuando como un niño emocional de cuatro a siete años de edad, hambriento de amor.

Sin el deseo de ser ignorado, tu chiquillo ha seguido rondando a tu alrededor para obtener ese amor de otras fuentes, cuando verdaderamente solo podrá sentirse satisfecho al obtenerlo de ti. Tomado su lugar están tus adicciones, tus relaciones destructivas y abusivas, y tu dolor la traición y el abandono. Capaz de comunicarse sólo a través de emociones, tu chiquillo exhibe el drama como un arma para obtener tu atención. Hasta ahora su gran protesta han sido las aparentemente inexplicables e infundadas cóleras, y algunas veces olas abrumadoras de tristeza.

Lo que sostienes en tus manos—La Voz de tu Chiquillo—es la hoz que despeja tu camino al PERDÓN de otros. Al permitir a tu chiquillo (en la práctica Abre Corazones, cerca del final de este capítulo) expresar los sentimientos reprimidos hasta ahora, estás poniendo en movimiento el proceso de integración tan esencial para el PERDÓN. Cuando puedes aceptar, reconocer e incondicionalmente amar a tu chiquillo y los sentimientos inexpresados y reprimidos que te han mantenido en la prisión de tu pasado, estás listo para perdonar a aquellos que parece que te dañaron . . . los dejas y sales de la cárcel que tú creaste en tu corazón. ¡Qué REGALO!

# Un Místico Habla Sobre el Perdón de Otros

Meredith L. Young-Sowers
—*Angelic Messenger Cards*

*Amor es la energía emocional y espiritual*

*que te ata*

*a aquéllos que te han herido.*

*Los asuntos que parecen desafiar al perdón*

*están siempre relacionados de algún modo con el amor:*

*el amor que nunca recibiste,*

*el amor que ofreciste*

*y que otros rechazaron o traicionaron,*

*el amor que fue usado*

*para manipularte o controlarte.*

*El amor es la base del bien-estar de tu vida,*

*pero al atar tus reservas de energía espiritual a viejas heridas*

*estás severamente limitando la energía del amor*

*disponible para ti en el momento presente.*

*Quizás es tiempo*

*de buscar en tu corazón*

*a aquéllos que aún necesitas perdonar más completamente.*

# Historia de Éxito Personal

## Un Momento de la Vida Real del Perdón de Otros

### El Perdón: Una Puerta a un Mundo Más Brillante

por Riti Di Angeli

El perdón—como una varita mágica—abrió una puerta en mi corazón. El amor atrapado dentro rompió y disolvió las cadenas de resentimiento y miedo que me mantuvieron en esclavitud por treinta años, antes de finalizar un turbulento matrimonio. Cualquiera que ha visto el film "Durmiendo Con el Enemigo" con Julia Roberts, una película acerca de una mujer golpeada que escapó de un esposo celoso, violento y abusivo, comprendería la clase de vida de casados que K y yo tuvimos juntos.

Después de nuestro enlace, esperaba que fuera un esposo amante y considerado, especialmente porque estaba embarazada. En cambio, después de nuestra "primera noche," K declaró claramente que él era mi marido, el único jefe de la casa, y mi papel como esposa era obedecerlo y servirle sin cuestionar. Nuestro hogar se convirtió en un campo de batalla. Cuando discutíamos se volvía violento; me golpeaba. Me sentía infeliz y anhelaba amor y paz.

Dejé el campo de batalla después que nuestra hija nació. Las últimas palabras que escuché de K fueron, ¡"Secuestraré a tu hija y nunca volverás a verla en tu vida!"Tomé su amenaza seriamente porque él había sido secuestrado a la edad de cuatro años por su propio padre, quien lo cambiaba de escuela a escuela por todo el país, para evitar que su madre lo encontrara. Él no volvió a ver a su madre hasta que tuvo 20 años.

Temí que K tomara venganza porque me había atrevido a dejarlo. Algunas noches una corriente helada recorría mi espina dorsal y me despertaba. Corría al cuarto de mi hija para ver si estaba a salvo. Entonces llamaradas de resentimiento oprimían mi corazón, no podía soportar la idea de verlo otra vez. Cuando dejó de pagar la pensión alimenticia, no lo demandé porque lo quería fuera de mi vida.

Aunque desapareció de nuestras vidas, no lo hizo de mi mente. Era perseguida por pensamientos de temor acerca de la seguridad de mi hija. Afortunadamente, fui capaz de prevenir que mi ansiedad se derramara sobre ella y pusiera en riego su derecho a sentirse segura en el mundo. Procuré no llegar a ser una madre sobre-protectora o posesiva. Quería que mi hija fuera independiente, valiente . . . que probara sus propias alas y volara. Ella comenzó a practicar su "independencia" a la edad de cinco años cuando le permití ir sola a una tienda cercana para comprar dulces.

La tienda estaba justo enfrente del edificio de departamentos donde vivíamos. Cada vez que ella iba a la tienda yo temía que fuera secuestrada Corría hacia la ventana en el piso superior y observaba la calle. La miraba cruzar la calle y entrar en la tienda. Mi corazón palpitaba rápido y mi estómago se contraía. No me calmaba hasta que ella regresaba. Por tres años observé esa calle y observé a mi hija cada vez que iba a la tienda. No fue sino hasta que cumplió los ocho años que pude aliviar mi ansiedad por ella. En ese tiempo me volví a casar y me cambié a otra ciudad.

Tener a un hombre en la casa puso un alto a mi miedo. Mi esposo era como un grueso muro en mi entorno que evitaría que K secuestrara a mi hija. Mi miedo disminuyó, pero no mis sentimientos de resentimiento y odio. Si alguien mencionaba su nombre mi estomago se hacía nudo. Temía a la idea de que un día fuera a reaparecer en mi vida.

Después de 13 años de no escuchar acerca de K, fui obligada a escribirle una carta pidiéndole que pagara la pensión alimenticia. Desde nuestro divorcio, mi segundo esposo había proveído para sus propios hijos y también, para mi hija con K. Él me dijo que eso no era justo, así que tuve que pedir a K que enviara dinero para su hija. De mala gana, le envié la carta esperando que nunca la contestara. Cuando pasaron seis meses y K no había dado señales de vida, me sentí aliviada. Aún le temía y no podía perdonarlo. Estaba llena de resentimiento.

Una noche, mientras estudiaba Ciencia y Salud con Llave a las Escrituras, el libro de texto de Christian Science, comprendí que si quería ser libre de las cadenas del miedo y el resentimiento, necesitaba dejar de odiar a K. Que eso me había mantenido en esclavitud por 13 años. Estaba aprendiendo que "El Hombre," creado por Dios a Su imagen y semejanza, era el Cristo, la suma o incorporación de las cualidades e ideas espirituales de Dios. Sólo a través de ver a K como el Cristo sería liberada del resentimiento y el miedo. Estaba determinada a olvidar a K, pero no podía hacerlo por mí misma. Necesitaba ayuda.

Cerré mis ojos y le pedí a Dios que me ayudara a ver las cualidades del Cristo en K. Reflexioné acerca de las cualidades que había visto en K al principio cuando lo conocí. Él era gentil, honesto, independiente, confiado en sí mismo y muy trabajador. Lo bosquejé en la pantalla de mi mente y le pedí a Dios que me mostrara a K como Él lo veía. Inmediatamente una reluciente luz salió del pecho de K. Al volverse la luz más y más brillante, la forma humana desaparecía detrás de la luz. Mi corazón se abrió como si una ola de amor viniera a través de él y nos abrazara a K y a mí como uno. Lo amé. Era tan fácil para mí amar al Cristo.

Entonces me quedé dormida con la luz en mi mente y el amor en mi corazón.

Desperté la mañana siguiente libre de resentimiento. Ya no tenía miedo a K. Había olvidado porqué lo había odiado tanto. ¡Estaba completamente libre de la tiranía del miedo y el odio que me habían esclavizado por años! Ese mismo día en la mañana K me llamó y dijo haber recibido mi carta y que enviaría dinero para su hija cada mes. Eventualmente él conoció a su hija y llegaron a ser amigos.

Cuando K y yo estuvimos juntos, él era ateo. No creía en la vida después de la muerte, me prohibía leer sobre metafísica y hablar acerca de la espiritualidad. Ahora K cree en Dios, medita, y está en un sendero espiritual. Hablamos de metafísica cuando nos vemos, hablamos el mismo idioma. ¿Cambió él después de mi perdón? No. Él era y aún es el mismo hombre. Cuando lo vi como realmente era, lo liberé del papel que había desempeñado para que yo aprendiera que el perdón es el camino para obtener libertad y paz mental.

Estoy ahora muy agradecida con K por esa poderosa lección de perdón que finalmente me trajo felicidad y paz. Porque fui capaz de perdonar a mi peor enemigo, fue más fácil para mí perdonar a otros. Haber tenido la oportunidad de compartir mi historia de perdón en el curso 5 REGALOS sólo sirvió para validar, cómo este poderoso proceso puede ser un REGALO que sigue dando frutos. La práctica diaria del perdón ha enriquecido todas mis relaciones. El perdón liberó mi mente de resentimiento, me abrió a un mundo más brillante, y continuamente bendice mi vida de muchas formas.

# *Da tu REGALO: PRÁCTICA*

## Instrucciones de Apertura del Corazón
## para
## El PERDÓN de Otros

### Carta de Perdón

Para permitir que la voz de tu niño interior se exprese cada vez mejor, es de ayuda explorar las emociones reprimidas que te mantienen atado a las personas que no has podido perdonar en tu vida. El siguiente ejercicio es para hacerlo en tu diario, y está diseñado con el propósito de abrir tu corazón, ya que te guía en el sendero del perdón. Recuerda usar todos los aspectos que se sugieren detrás de cada sentimiento, comenzando con el número uno, ENOJO. No importa qué irracional o qué tan brutalmente honesto pueda sonar, permite que la voz de tu Niño Interior se exprese a sí mismo profundamente . . . aun si piensas que ya "superaste" todos esos sentimientos.

No te sorprenda si la primera vez que haces este proceso (carta) no te sea posible encontrar un sentimiento con tonalidades amorosas o de PERDÓN en el quinto paso. Pon especial atención para ver si en la sección de TEMOR encuentras algún entendimiento del porqué tu niño interior se ha aferrado a la idea de no perdonar. Utiliza este ejercicio para procesar cualquier atadura que te quede que te impida perdonar a cualquier persona, institución, circunstancia… y, sí, también a Dios. Se recomienda que comiences desde el principio, con tus padres, o aquellas personas que estuvieron a cargo de tu cuidado en la niñez.

# CARTA DE PERDÓN

Querido_____, Fecha _____

Te escribo para compartir mis sentimientos.

### 1. IRA
       Me enoja que_____
       Me siento frustrado _____
       Me disgusta _____
       Me siento realmente molesto _____
       Lo que yo quiero _____

### 2. TRISTEZA
       Me siento decepcionado de _____
       Me entristece que _____
       Me hiere tanto que _____
       Yo quería _____
       Lo que yo quiero _____

### 3. TEMOR
       Me preocupa _____
       Tengo miedo _____
       Me siento tan asustado de_____
       Yo no quiero _____
       Lo que yo necesito _____
       Lo que yo quiero _____

### 4. LAMENTO
       Me siento apenado _____
       Siento tanto que _____
       Me averguenza que _____
       Yo no quería _____
       Lo que yo quiero _____

### 5. PERDÓN Y AMOR
       Te perdono por _____
       Yo amo _____
       Aprecio que_____
       Te agradezco _____
       Yo comprendo _____
       Yo sé que _____

Cariñosamente,

_____

Ahora lee la carta en voz alta para ti mismo. Pon atención a lo que has dicho y permítete sentir todos los sentimientos expresados . . . así como también los que *dejaste entrever* sin decirlos. . .

Sabrás que ya llegaste a los rincones más recónditos de los sentimientos de tu niño cuando por fin logres el sentimiento de PERDÓN y amor. Una vez que sientes terminada esta parte del Abre Corazones, haz la segunda parte del ejercicio, donde escribirás una Carta de Respuesta al PERDÓN para ti mismo y tu niño, de la persona a quien le has escrito la Carta de PERDÓN. Incluye en esta respuesta todas aquellas cosas que siempre has querido escuchar de esa persona. Asegúrate de estar fuera de ti al escribir esta respuesta—viene de tu corazón (y del de ellos). Prepárate para ser sorprendido por el contenido de esta carta.

Una vez completas ambas cartas, haz una cita especial para sentarte con tu Socio de Oración para Prosperidad. Comiencen con una oración de apertura para crear una atmósfera de amor. En ese espacio amoroso lee tu Carta de PERDÓN. Luego, tu compañero te lee tu Carta/Respuesta de PERDÓN. Enseguida le toca su turno a tu compañero . . . ¡Es algo muy poderoso!

# CARTA DE RESPUESTA DE PERDÓN

Fecha _____

Estimado (Tu nombre) _____

    Te escribo para dar respuesta a tu carta _____

    Te estoy muy agradecido por compartir conmigo tus

    sentimientos_____

    Yo entiendo _____

    Me siento muy apenado _____

    Yo tenía miedo de _____

    No sabía que _____

    Quiero que sepas _____

    Yo aprecio _____

    Yo amo _____

Cariñosamente,

_____

# RECONÓCETE A TI MISMO

## Date el REGALO de LIBERTAD…
## ¡A TRAVÉS DEL PERDÓN para Ti!

Pregunta a tu niño o niña lo que le gustaría por ser tan amoroso y comprensivo con aquéllos a los que has liberado para beneficio de tu libertad y abundancia. En mis clases de *Amando al Niño Interior*, éstas son algunas de las cosas que otros han hecho y que podrían inspirarte.

- Escribe una Carta de Amor a tu chiquillo.
- Date un paseo a través de su juguetería favorita.
- Permite que tu chiquillo elija un diario y una pluma que los dos puedan usar para comunicarse.
- Saca papel, tijeras, pegamento con chispitas brillantes y lápices de colores, ¡entonces permítele **crear**!

Si le preguntas, tu Niño Interior te permitirá saber lo que quiere. Toma el tiempo para darle a tu chiquillo ese REGALO hoy. ¡Darte a ti mismo es el mayor REGALO que puedes hacer!

# CAPÍTULO 6

# PERDÓN de
# UNO MISMO

*Ríndete*

*A*hora recuerdas que hay una sorpresa más esperándote dentro de la bolsa de regalos del perdón. Metes tu mano a la bolsa y sientes algo en lo más profundo. Es un paquete plano, delgado, cuadrado, lo reconoces instantáneamente, es un CD. Lo desenvuelves y lees el título: PERDÓN de Uno Mismo. Abres la caja de plástico y sacas la cubierta incluida. Con la cubierta en la mano tomas tu taza, te sientas en tu silla cómoda y lees estas palabras:

> Si no hubiera juicios, no habría
> nada qué PERDONAR...

*Piensas inmediatamente en las voces de autocrítica dentro de ti—las que se comunican en muchos tonos, todos ellos críticos. Tomas un sorbo de tu café favorito y exclamas para ti mismo, "¡Hay vamos!"*

El PERDÓN de uno mismo es esencial para una Vida Abundante. En mis años de asesoría espiritual he reconocido que nuestras voces críticas interiores son una recopilación de las voces de otros—las opiniones y juicios de padres, maestros, y de todas las otras figuras de autoridad a que les temíamos en nuestra niñez. Yo llamo a este coro estridente "El Comité." Inflexible en su trabajo auto nombrado, nos retiene en alguna medida de culpa, duda o miedo sobre las decisiones y acciones tomadas a través de nuestras vidas. *El Comité* lleva registros de nuestros pasa-

dos "equívocos" en un Libro de Evidencia cuidadosamente orga-
nizado y listo para usarse en contra nuestra en cualquier
momento.

El trabajo de *El Comité* es convencernos de que nosotros somos
nuestros errores. Como un equipo de enjuiciamiento que tiene
éxito sólo en obtener evidencia para condenar. *El Comité* aumenta
y apila la evidencia hasta tener la victoria asegurada: utiliza nuestras faltas, errores, debilidades y puntos vulnerables para con-
denarnos; y sus sentencias concurrentes para una vida de
verguenza, culpabilidad, error y resentimiento. Y usa las celdas
solitarias del miedo, para aprisionarnos y evitar que escapemos y
reclamemos nuestra libertad. Bajo estas condiciones no nos
atrevemos a vernos como los Seres Divinos, inocentes y amorosos
que somos, cuya Naturaleza Divina no conoce el mal.

Al recordar *El Comité*, puedes sentir el sufrimiento en que se
han convertido tus juicios expresados. Como aquellos generados
por ti contra otros, estos juicios sobre ti mismo han acumulado
un gran peso que arrastras donde quiera que vas . . . el Carcelero
y el Encarcelado.

Para poder ser libres y tener abundancia, debemos parar de
autojusgarnos. De igual modo, como lo hicimos al perdonar a
otros cuando las cargas de culpa, ira, resentimientos y verguenza
llegaron a ser demasiado pesadas, aquí también debemos hacer
lugar para el PERDÓN a uno mismo. Para poder experimentar
libertad y abundancia, que es nuestro estado natural de ser, debemos recibir y darnos a nosotros mismos el REGALO del
PERDÓN.

A pesar de toda la experiencia adquirida al ser tu peor crítico,
hay un enfoque radical pero simple que puede llevarte paso a paso
para liberarte de la cárcel de la auto-condenación. El primer paso
es eliminar cualquier negación que pudieras tener acerca de tus
errores cometidos. La negación es simplemente nuestra respuesta

automática defensiva al auto juicio. La negación y el auto-juicio son los poderosos socios en un ciclo, perpetuado por uno mismo de desconocer tu responsabilidad. Si los errores por los que te has juzgado son ciertos, admítelos. Conscientemente reclámalos, pero esta ves sin la "carga" agregada de juicio.

El segundo paso del PERDÓN de uno mismo es abrirse a una verdad más profunda. Mientras reclamas cada error y dejas ir el juicio que tienes acerca de él, te separas de él. Reconoces que tu— como Ser Divino—no eres el error. No eres ése, ni cualquier otro error que hayas hecho. Sin embargo, al adueñarte de tus acciones, te diriges a un punto donde tomas responsabilidades por ellos.

En el tercer paso te das a ti mismo la oportunidad de hacer algo acerca de los errores cometidos, para por fin darles cierre. Una vez que te admites a ti mismo la transgresión, puedes considerar decirle eso a alguien más... a una persona en quien confías, como tu Socio de Oración para Prosperidad. He comprobado que admitir un error ante otra persona (un terapeuta, consejero, practicante espiritual), el solo hecho de revelarlo aleja mis intensos sentimientos de culpa, verguenza y enojo. Al contar mi historia a un socio de oración de confianza o colega, la carga se disminuye de algún modo . . . y estoy más dispuesta a aceptarme y a amarme a mí misma.

El cuarto paso es enmendar el daño o herida a la otra persona, si es del todo posible. Si lo haces desde la Mente de tu Corazón, estarás guiado para ejecutar la acción correcta para ti y la otra persona. Sin embargo, si *El Comité* se queda a cargo, podrías resistir este paso, o peor aún, intentar utilizar un "lo siento" como un modo para manipular a la persona lastimada, o incluso para quedar bien.

Una vez completos los pasos del PERDÓN de ti mismo, estás listo para proceder al Abre-Corazones, el final de este capítulo. El mismo procedimiento aplica tanto para el trabajo del

PERDÓN de ti mismo como para el PERDÓN de otros: nos toma experiencia. Esto significa que, es raro se complete la INTENCIÓN de perdonar en la primera vuelta. Más bien, debemos practicar el PERDÓN "setenta veces siete" hasta que alcancemos nuestra meta, y el único sentimiento que experimentemos sea la GRATITUD.

## Un Místico Habla sobre el Perdón de Uno Mismo

Paul Ferrini
*de Los Doce Pasos del Perdón*

### Cuatro Opciones Autenticas del Perdón

1. *El Perdón empieza en nuestros propios corazones. Sólo cuando nos hemos perdonado a nosotros mismos podemos darlo o recibirlo de otros.*
2. *El Perdón no es condicional, aún cuando nuestra práctica de él a menudo lo sea.*
3. *El Perdón es un proceso constante. Continúa como respuesta a cada juicio que hacemos acerca de nosotros mismos.*
4. *Cada acto que podamos hacer hacia el perdón es suficiente. Lo que podamos hacer por ahora basta. Este entendimiento nos permite practicar el perdón con perdón.*

# Historia de Éxito Personal

## Un Momento de la Vida Real del PERDÓN de Uno Mismo

### *La Gracia del Perdón de Uno Mismo*

#### Por Rev. Diane Harmony

Nuestros corazones se derritieron, uno en el otro, en un reconocimiento instantáneo durante ese primer abrazo. Dos cuerpos reunidos después de 36 años . . . dos espíritus que nunca habían estado separados. El espacio del tiempo se llenó instantáneamente durante ese único momento de reunión. La unión de madre e hija nunca puede romperse. Sólo la verguenza, la culpa y el remordimiento alimentaron el fuego de la separación aparente. Sólo el perdón extinguiría las llamas y completaría el círculo de amor.

Treinta y seis años antes había dado luz a mi primera hija, y en aquel entonces la di en adopción. Con un corazón roto sufrí la decisión de respetar los deseos de mis padres de no casarme con mi primer amor, de ser una "madre soltera" con cicatrices emocionales tan grandes que mi única defensa fue enterrarlas profundamente, rehacer mi vida como si nada hubiera pasado, y continuar. Tan exitosa fue mi negación del profundo foso excavado en mi corazón que, al pasar de los años, no podía recordar ni siquiera la fecha de nacimiento de mi bebé.

¿Entonces, cómo fue posible que 30 años más tarde, con otros cuatro hijos, y después de dos matrimonios, me pudiera encontrar en una clase de estudiantes de asesoría espiritual, con otras seis mujeres que compartían el mismo pasado celosamente guardado? Nuestro secreto se convirtió en un imán que nos atrajo, y empezamos a reunirnos y visualizar un ministerio de apoyo en nuestro Centro para orar por toda la gente que hubiese sido afectada por una adopción: los adoptados, los padres originales y los padres adoptivos. Era una idea noble, y requería que trabajáramos en nuestra propia sanación para poder ser de servicio a otros.

Y así empezamos el atormentador viaje de investigar nuestro propio dolor. Cada una, en forma individual enfrentamos nuestros propios demonios—culpa, verguenza, debilidad, ira y auto recriminación—al ritmo que pudiésemos cada quien, y colectivamente oramos una por la otra y por todos aquellos cuyo dolor compartíamos. Creamos el *Ministerio en Tres de Adopción* en el Centro Ágape de la Verdad, en Los Ángeles, e invitamos a gente afectada por la adopción para que viniera a contar sus historias y se uniera en oración cada mes. Abrimos el camino para permitir a cada miembro de los tres—el adoptado, la madre adoptiva y la natural—a dialogar entre ellos, para buscar un entendimiento de los problemas emocionales únicos que cada uno carga. Y algunos de nosotros buscamos a nuestro hijo o madre. Mi decisión de intentar encontrar a mi hija abrió mi propia Caja de Pandora.

Fue en ese ambiente de oración y guía espiritual que me sentí suficientemente segura para enfrentar mis propios muros de defensa y negación, y dar los pasos para derribarlos. El proceso fue agonizante. No sólo estaba yo profundizada en la verguenza y el dolor causado a mis padres y hermanos al convertirme en una adolescente embarazada, sino que permití surgir el odio que me tuve a mí misma por no haber luchado por lo que yo quería . . . quedarme con mi pareja y mi bebé.

Lo que yo invitaba a que se revelara conscientemente (y

finalmente se aceptara) era la verguenza y la culpa de haber *pecado*, de acuerdo a la iglesia de mi niñez, así como con las costumbres y prejuicios de la sociedad en 1961. Admití estar llena de rabia hacia mis padres por impedir mi fantasía de tener la familia perfecta, y hacia mi novio por no haber luchado más fuertemente para salvarme de esta dolorosa condena como repudiada transgresora. Durante la búsqueda de mi hija se requirió de mí en numerosas ocasiones, recordar esas difíciles circunstancias en torno a su nacimiento, e hice todo lo que pude para no desmayar y seguir adelante. Al ir liberando un sin fin de sentimientos reprimidos, me encontré constantemente al borde del trastorno emocional. Lo que me sostuvo para avanzar fue mi deseo tan profundo de encontrar a mi hija y decirle cuánto la amaba; para compartirle que fue concebida con amor y para cerrar el círculo que empezó con su nacimiento.

Y así fue que busqué . . . y oré . . . y empecé a perdonar. Mientras avanzaba en las clases de espiritualidad que me preparaban para ser Asesor y Practicante Espiritual, llegué a reconocer que sin el perdón sería incapaz de liberarme del laberinto de auto juicio negativo, que había permitido que empañara la belleza del nacimiento de mi hija. Entendí que para darle la bienvenida con mis brazos abiertos auténticamente, tenía que encontrar lo bueno de haber sido yo su madre de nacimiento. Supe que la sanación que tan profundamente buscaba, sería posible sólo cuando me liberara de mi culpa, verguenza y culpabilidad acerca de las circunstancias que rodearon su llegada a este mundo.

"Setenta veces siete." Es lo que nos indica Jesús de cuantas veces necesitamos perdonar para poder ser libres—en otras palabras, tan a menudo como sea necesario. Iba ya aventajada en el camino para completar el perdón a los otros actores en el drama: mis padres, mi primer amor, mi iglesia, mi sociedad. Ahora era tiempo de perdonarme a mí misma. Me había sostenido por tanto tiempo en la cruz de la auto-culpabilidad y la verguenza, que no estaba segura de cómo soltarme yo sola.

Empecé por sentir una gran compasión por la adolescente que tan enamorada y apasionada de la vida que fui, y que sólo quería experimentar y expresar ese amor de la manera que fuera. Escuché el dolor de esa chica de 19 años por su profunda pérdida y sentimiento de no poder ser dueña de su hija. Ese dolor había sido tan severo que básicamente se cerró a la confianza de volver a confiar en su bello corazón. La escuché, la consolé, le dije cuánto la amaba y que no permitiría que sufriera otra vez esa clase de dolor. El YO SOY en mí (mi Ser Divino) la perdonó por cualquier creencia que aún tuviera de ser una "mala chica," "una pecadora," "una indeseable inútil" y "una causante de dolor para otros."

Los meses—y sí, años—pasados en tratar de perdonar las capas de auto recriminación y repugnancia que sentía por mí misma, se desaparecieron de verdad. Liberarme de las ataduras de ese pasado aparentemente imperdonable e indeseable, ver-daderamente me ha dado una nueva vida. La actitud que ahora tengo hacia mí misma, mi familia, mi primer amor, y mi embarazo, es sólo de gratitud. Gratitud por una de las mayores experiencias de crecimiento en mi vida. Al terminar con mi pasado, el regalo de la compasión se prendió dentro de mí—un regalo que ahora puedo, y de hecho comparto con gusto con todos aquellos a quienes enseño y asesoro. La recompensa por mi compromiso a perdonar es el amor profundo que hoy comparto con mi hija primogénita, un amor activado en el momento que nos abrazamos y que continúa enriqueciendo mi vida desde entonces.

———— ❧ ————

# Da Tu REGALO: PRÁCTICA

## Instrucciones Para Abrir el Corazón al PERDÓN de Uno Mismo

### Evaluación del Perdón de Uno mismo

Desde un estado meditativo, de amor propio, y libre de juicios, completa el siguiente enunciado:

**Me perdono a mí mismo por haberme juzgado** _____ Mientras examinas la historia de tu vida, enlista tantas experiencias como puedas. Para este ejercicio, escucha las voces de *El Comité* y toma nota de la evidencia que ellos han estado acumulando en tu contra. Sé sólo un investigador aquí: Imparcialmente busca en los corredores de tu mente las creencias que tienes acerca de ser "malo." Excava profundo. Permanece en el entendimiento de que estos juicios y creencias acerca de ti no son la verdad de tu Ser Divino.

Después de hacer tu inventario respondiendo al enunciado de arriba, completa el ejercicio escribiendo: *Me perdono a mí misma por creer temporalmente en la idea ilusoria de que YO SOY un ser separado de Dios.*

Ahora puedes proceder a la Meditación Guiada. Trae a esta segunda parte del Abre Corazones algunas de las anotaciones de la lista de arriba, sobre las cuales quieras practicar el REGALO del PERDÓN para ti mismo.

## *Meditación del PERDÓN de Uno mismo*

(Para ser leída por otra persona o grabada con tu voz para ser escuchada. No leas o grabes las palabras entre corchetes [ ]. Éstas son "direcciones de escenario").

Ponte cómodo, en tu lugar favorito de seguridad y paz. Siéntete apoyado por la superficie sobre la que tu cuerpo descansa, de forma que no tengas necesidad de agarrarte de ninguna de sus partes. Sabe que estás apoyado, mientras incitas un sentimiento de cuidado y amor que venga a tu atención. Gentilmente cierra tus ojos y empieza a enfocar tu atención hacia adentro. Ahora . . . atrae en un . . . largo, profundo respiro que parece venir de lo más profundo de tu ser. Y entonces . . . liberas la aspiración en un . . . largo . . . suspiro. AHHHHHH. Suelta cualquier cosa que parezca estar reteniéndote . . . cualquier cosa que parezca evitar que te relajes. Toma otro respiro, sólo esta vez, permítele venir de un lugar aún más profundo que el último . . . Mientras exhalas silenciosamente, siente a tu cuerpo liberarse aún más, sumergiéndose en un sentimiento de tibieza.

Date cuenta que estás sano y salvo, y que todo está bien. Continúa enfocándote en tu respiración, respirando en inhalaciones largas y exhalaciones desde el centro de tu ser, permitiendo que tu cuerpo se vaya en una relajación más y más profunda. Obsérvate a ti mismo empezando a soltar y a rendirte a ese tibio sentimiento de paz. Deja que esta manta de relajación se extienda sobre tu cuerpo y siente tu mente que llega estar llena de calma y paz. Con tu siguiente inhalación, visualízate inhalando luz . . . Al exhalar imagina que estás soltando todas las tensiones y preocupaciones, y permítete rendirte totalmente a la luz. Porque ésta es una meditación de rendición a la luz de Dios dentro de ti, la Divina Presencia. [Pausa. . .]

Mientras continúas visualizándote y sintiendo esa luz llenando tu ser, dite a ti mismo una y otra vez, "Me abro a recibir y aceptar completamente en mí la luz transformadora, la Presencia Divina, Pausa . . . Ahora cambia tu atención al área en torno a tu corazón e imagina esa hermosa luz bañando tu corazón de amor y reposo. Al empezar la luz a masajear ese hermoso órgano, siente tu corazón empezar a suavizarse y a abrirse. [Pausa]

El PERDÓN de sí mismo es un acto del Corazón . . . un proceso de entregar y dejar ir las pesadas cargas de dolor, ira y resentimiento que sientes por ti mismo, las que pueden causar que tu corazón te impida la entrada al Amor Divino que ahí se encuentra. Reconocer que el perdón es un proceso y una práctica que te permite volver a ser consciente de ti mismo como un Hijo de Dios, tu agregas lo que resta de esta meditación al estar dispuesto a soltar los pensamientos de juicio y condenación que tienes de ti mismo y que te mantienen fuera de tu propio corazón. Te permites a ti mismo ahora rendirte totalmente a la luz, mientras sientes a tu corazón abrirse en respuesta a la luminiscencia de masaje en torno a él. [Pausa]

Imagínate entrar ahora en tu corazón como un reflector de hermosa luz. Inmediatamente te llenas con el sentimiento de la Presencia del Amor Incondicional dentro de tu propio corazón. Tu atención es atraída a una forma traslúcida que parece estar hecha de la luz de tu propio corazón, que viene a saludarte. Flotando a un incluso más profundo estado de serenidad y calma, reconoces que este Radiante Ser es la visión de tu Ser Sagrado, que viene a darte la bienvenida y a apoyarte. Mientras miras en los ojos de este ser, siente Amor tan puro y sagrado que cualquier residuo de miedo o separación se desvanece en la luz de ese Amor. . . . Te encuentras . . . inmerso . . . en la Presencia de la Divinidad y sientes un Unidad con Dios.

Tu Ser Divino te abraza y te rodea, mientras te mueves hacia el centro profundo de tu corazón. Ahí descubres un fuego ardiente en un altar sagrado. Junto a los escalones traslúcidos que te llevan a ese altar saqrado donde encuentras los sufrimientos de tu pasado que estás dispuesto a perdonar. En forma de bloques pesados de madera, apilados y en espera de que los lleves uno a uno, a las llamas purificadoras que arden sobre tu altar personal.

Bañado en la energía de luz y amor de tu Ser Divino, te aproximas a la pila de bloques, afirmando para ti, "Aquí solamente está el Amor y la Luz de Dios." Levantas un bloque . . . una pesada carga de juicio y auto condenación. Estás decidido a abrazar el peso completo de esta carga . . . a sentir todos los sentimiento de dolor y resentimiento contenidos dentro de esa carga de no perdón hacia ti mismo. . . . Te abres para recibir el Regalo de Sabiduría que tiene para darte. . . . Te permites ser dirigido al aspecto de tu ser que sabes que es para que lo aceptes y ames antes que puedas liberar completamente este bloque. [Pause. . .]

Reconoces que el bloque se vuelve más ligero ahora. . . . Mientras asciendes los escalones, tienes ese sentido de ligereza dentro de ti. En el escalón más alto, liberas la carga de madero en las flamas del altar de tu corazón, y dices para ti: "Me bendigo a mí mismo. . . . Me amo a mí mismo. . . . Me perdono a mí mismo."

Mientras las llamas de tu corazón rodean el bloque te dices: "Permito al Amor de Dios dentro de mí consumir esta carga y el poder que le di. Y soy libre. Gracias Dios." [Pausa. . .]

Al descender las escaleras tu ser se siente notablemente más ligero, la luz de tu corazón es un poco más brillante. Te aproximas a la pila de cargas y eliges otra. Te estiras para levantarla, y una vez más te abres al Regalo de Sabiduría que tiene para ti. Abrazas ese regalo. . . . Permítete visualizar y sentir todo el dolor causado a ti y a otros a través de la acción o inacción que ahí cometiste . . . y una vez más dirígete al lugar dentro de ti donde debes sentir auto compasión y auto aceptación.... Consciente de tu Ser

Divino, radiando su Amor y Luz, asciendes los escalones brillantes y liberas esta carga en el fuego de tu corazón.

Mientras lo depositas en las llamas de tu altar dices, "Me bendigo a mí mismo. . . . Me amo a mí mismo. . . . Me perdono a mí mismo." Las llamas de tu corazón rodean y consumen el bloque mientras repites para ti mismo, "Permito al Amor de Dios dentro de mí consumir estos sufrimientos y el poder que le di. Y soy Libre. Gracias Dios." [Pausa. . .]

Bañado en la energía de luz y amor de tu Ser Divino, te aproximas a la pila de bloques, afirmándote a ti mismo, "Aquí hay solamente el Amor y la Luz de Dios." Levantas un bloque . . . una pesada carga de juicio y auto condenación. Estás decidido a abrazar el peso completo de esta carga . . . a sentir los sentimientos de dolor y resentimiento contenidos dentro de la carga de no perdón hacia ti mismo. . . . Te abres a recibir el Regalo de Sabiduría que tiene para darte. . . . Te permites ser dirigido al aspecto de ti mismo que sabes estás para amar y aceptar antes que puedas completamente liberar esta bloque. [Pausa. . .]

Te das cuenta que el bloque se vuelve más ligero ahora. . . . Mientras asciendes los escalones, tienes ese sentido de ligereza dentro de ti. En el escalón más alto, liberas la carga de madera en las llamas del altar de tu corazón, y te dice a ti mismo: "Me bendigo a mí mismo. . . . Me amo a mí mismo. . . . Me perdono a mí mismo."

Mientras las llamas de tu corazón rodean el bloque te dices: "Permito al Amor de Dios dentro de mí, consumir este sufrimiento y el poder que le he dado. Y soy Libre. Gracias Dios." [Pausa. . .]

Al descender las escaleras, tu ser se siente notablemente más ligero, la luz de tu corazón un poco más brillante. Aproximándote a la pila de sufrimientos eliges otra: Te das cuenta que el bloque se vuelve más ligero ahora. . . . Mientras asciendes los escalones, tienes ese sentido de ligereza dentro de ti. En el escalón más alto, liberas la carga de madera en las llamas del altar de tu corazón, y te dices a ti mismo: "Me bendigo a mí mismo. . . . Me amo a mí mismo. . . . Me perdono a mí mismo."

Mientras lo depositas en las llamas del altar te dices, "Me bendigo a mí mismo. . . . Me amo a mí mismo. . . . Me perdono a mí mismo." Las llamas de tu corazón abrazan totalmente el bloque mientras repites para ti, "Permito al Amor de Dios dentro de mí, consumir esta carga y el poder que le he dado. Y soy Libre. Gracias Dios." [Pausa. . . ]

Y ahora guardaré silencio por un tiempo, así puedes repetir este bendito proceso de auto perdón con cada carga. Recuerda abrazar al bloque y estar abierto al REGALO de Sabiduría Divina contenida en él, para ser guiado a ese lugar dentro de ti que necesita tu aceptación y amor incondicional. Entonces lleva cada bloque al fuego purificante de tu corazón y PERDÓNATE A TI MISMO con estas palabras: "Me bendigo a mí mismo. Me amo a mí mismo. Me perdono a mí mismo" Mientras las llamas de tu corazón rodean el bloque, repites: "Permito al Amor Divino dentro de mi, consumir esta carga y el poder que le he dado. Y soy libre. Gracias Dios." [Pausa. . .]

Tu proceso de Auto PERDÓN termina con el último bloque de carga consumido en las llamas purificantes de tu propio Corazón. Tu ser completo, parece ahora reflejar el Amor y la Luz de tu Ser Sagrado. La luminosidad y amor que sientes ahora son indescriptibles. El espacio de tu corazón está totalmente iluminado, y reconoces que tu trabajo de perdón ha abierto tu corazón para irradiar su luz compasiva a tu cuerpo, y a todo el campo de energía que te rodea. Se siente como si el cuerpo estuviera envuelto en un capullo de suave y hermosa luz blanca llena de amor y auto aceptación. Al reconfortarte en ese amor, sabes que ahora eres un canal puro, libre, sin carga, para el Amor de Dios.

Tu Ser Sagrado refleja alegría y paz mientras sale flotando de tu amoroso corazón, abrazado por su luz. Sabes que siempre estas con tu Ser Sagrado, vuelves tu consciencia a tu cuerpo físico y lo encuentras iluminado con la Luz y Paz de Dios.

Sientes una gratitud ilimitada por este viaje de PERDÓN a sí mismo. . . emerges de él sintiéndote Íntegro, Pleno. . . Completo. . . consciente de tu entrega a la Luz de Dios, la Presencia Divina dentro de ti.

# RECONÓCETE

## Date el REGALO de la LIBERTAD
## A través del AUTO-PERDÓN a Ti Mismo!

Eres libre… ¡Celebra! Llama a tu Socio de Oración para Prosperidad y planea una salida juntos. El trabajo que has hecho individualmente pueden reconocerlo juntos durante una cena especial, un concierto de rock, una buena película, un evento deportivo, o una visita a una exhibición de arte que has deseado ver. Permite a tu creatividad desbordarse planeando juntos esta fiesta de libertad. Te lo mereces. Reconócete por haber accedido a recibir este REGALO DEl PERDÓN a Sí Mismo, y permítete sentir tu libertad—¡la libertad de vivir una Vida Abundante!

# CAPÍTULO 7

# EL DIEZMO

*Devuelve*

*La liberación que experimentaste al dar el REGALO del PERDÓN*
*a otros y a ti mismo te ha hecho sentirte pleno, con el corazón*
*ligero y lleno de alegría. Ciertamente, el misterioso Obsequiante*
*le ha dado a tu alma presentes que ya están cambiando tu consciencia...*
*¡y tú bien sabes que están cambiando tu vida! Estás impaciente de abrir*
*el siguiente REGALO.*

*Sólo quedan dos. El primero, pica tu curiosidad porque está envuelto*
*en un papel blanco con imágenes de diferentes denominaciones de*
*dinero. Lo tomas y empiezas a abrirlo con gran expectación.*

*Resulta ser la "T" de la palabra inglesa GIFTS, la cual significa*
*Tithing; en castellano dar el DIEZMO. Mientras desenvuelves el papel*
*verde con blanco, encuentras dentro un rollo de pergamino con el título*
*"Procedimientos Para Dar el DIEZMO." ¡Uy!, repentinamente tu corazón*
*empieza a latir más aprisa dentro de tu pecho, como los latidos de cuando*
*terminas de hacer ejercicio. "¿Qué tiene esto que ver con vivir una Vida*
*Abundante?" preguntas.*

Quiero tomar un momento aquí para prepararte para este regalo. Cuando leíste la palabra DIEZMO, ¿notaste un vestigio de miedo, un ligero sentimiento de disgusto o verguenza, o incluso un poco de sobresalto mental? ¡Bien, si fue así debes saber que a muchos les pasa lo mismo! Esa palabra parece asestar un golpe cada vez que se oye, ya sea induciendo estados mentales contrastantes, para algunos sentimientos desagradables, para otros por lo contrario, sentimientos de alegría, sentimiento de estar de acuerdo, y hasta un disposición anhelante de dar.

Mi reacción personal al concepto de DIEZMO fue de evasión total. Cuando me confrontó la idea de que dar el DIEZMO está relacionado con mi habilidad de vivir una vida próspera, simplemente no podía, ni quería aceptarlo. De hecho omití el capítulo sobre el DIEZMO que venía en el primer libro de inspiración que leí sobre la prosperidad. La sola mención de la palabra desató un recuerdo poco grato de mi niñez. Me regresó a mis siete, ocho, nueve y diez años de edad, cuando observaba el comportamiento de mis padres inmediatamente antes y después de la visita anual del sacerdote de nuestra parroquia a nuestra casa. Sé que temía este acontecimiento anual porque dejaba una nueve negra sobre nuestro hogar que duraba semanas y que yo simplemente no comprendía.

Después me di cuenta de cuál era el propósito de esa visita del sacerdote. No era para comprobar si estábamos bien, sino para solicitar a mis padres su diezmo para el año siguiente. No es sorprendente que asociara el DIEZMO con esos recuerdos perturbadores, e inconscientemente usé esa conexión para construir mi odio a la palabra en sí, y mucho menos la práctica verdadera. Fue solamente después de una gran cantidad de oración y práctica cuando empecé a reconocer la inmensa importancia de este REGALO del DIEZMO. Más que eso, he llegado a descubrir que al no contribuir con el DIEZMO, me estaba condenando a mí misma a una vida de pobreza y escasez. Porque en realidad, la resistencia a contribuir con el DIEZMO da poder a la creencia errónea de no contar con lo suficiente. ¿Qué es el DIEZMO? Es la práctica espiritual de dar. Es practicar el privilegio de ser un canal divino de circulación –que recibe y que da—de los REGALOS de Dios. DIEZMO significa regresar a tu Fuente espiritual el 10 por ciento de todo lo que se te ha dado. Cuando primero regresamos a Dios de lo que nos llega, estamos afirmando en forma tangible que es nuestra Fuente y el Proveedor de todo lo que recibimos.

La palabra DIEZMO significa un décimo. Originalmente la práctica de contribuir con el DIEZMO se observaba al darse un décimo de la cosecha o del rebaño a la fuente de nuestro apoyo espiritual, que podía ser la iglesia o el clero. Contribuir con el DIEZMO fue practicado virtualmente por toda civilización en el curso de la historia; incluso los grandes imperios de Babilonia, Arabia, Persia, Egipto, China, Grecia y Roma. Contribuir con el DIEZMO es un principio fundamental que encuentra paralelo en el ritual de sacrificios practicado por las culturas indígenas. De acuerdo a la Dra. Ponder, la gente de la antiguedad sentía que el diez era el "número mágico para aumentar la riqueza."

En su poderoso libro, *Las Dinámicas Leyes de la Prosperidad*, la Dra. Catherine Ponder explora la relación entre la prosperidad y contribuir con el DIEZMO. Escribe, "la verdadera prosperidad tiene una base espiritual." Continúa "tus talentos, habilidades, sí, incluso mente y cuerpo son canales de tu prosperidad. Sin embargo afirma, "Dios es la Fuente. Por lo tanto, si quieres ser próspero para siempre, debes hacer algo definitivo y consistente para mantenerte en contacto con esa rica Fuente."

En los tiempos modernos, nuestros ingresos han reemplazado a las cosechas y mercancías del pasado. Lo que permanece igual es que Dios es la Fuente de todo lo que recibimos. Así es que todos los conductos de nuestro ingreso monetario forman la base para contribuir al DIEZMO. Debemos aplicar el 10 por ciento de ese total.

Ahora, si se te dificulta digerir este punto, déjame ofrecerte una ojeada al gran cuadro glorioso dentro del cual literalmente estamos parados, quizá sin darnos cuenta. Contribuir con el DIEZMO es una práctica que nos abre a vivir abundantemente en todas las áreas de nuestras vidas, no sólo las financieras. Por medio de la práctica de contribución del DIEZMO nos alineamos con la abundancia universal de Dios, y así nos permitimos recibir más de los REGALOS disponibles de la Fuente Ilimitada de Riqueza. Al contribuir con el 10 por ciento de todo nuestro ingreso, en forma consistente y regular, podemos vivir en la expectativa de ser prósperos en todas las áreas de nuestras vidas. Podemos esperar aumento no solo en las finanzas, sino también en nuestro bien-estar, en relaciones, y en nuestra expresión creativa.

En su mayoría, el total concepto de contribuir el DIEZMO se nos ha presentado como una práctica que funciona en una sola dirección: la obligación del que lo contribuye y el beneficio del que recibe el DIEZMO (por ejemplo: una iglesia, sinagoga, mezquita o clero). En otras palabras, se nos enseñó que, a través de nuestro sacrificio y dádiva, la iglesia prosperaría. Por ejemplo: la parroquia podría expandirse, su escuela podría tener más equipo, el nuevo edificio podría convertirse en una realidad más rápidamente. Pero raramente se hablaba de los beneficios para el que da.

¿Así que cuál es el beneficio para el que contribuye con el DIEZMO? Imagina que tienes un tío rico en el plano invisible, cuyo mayor y único deseo es darte todo lo que tu corazón anhela. Imagina que su mayor placer es poder darte. Imagina que el único bloqueo posible para recibir todo lo deseado (y aun más) es tu disposición para abrir tu corazón y alma para poder aceptar más. Entonces imagina que eres bendecido con una fórmula que, cuando la usas, actúa como la llave para abrir tu corazón. Esa llave es la de regresar una porción de lo que recibes a este pariente invisible.

Imagina que mientras aprendes a quedarte con el noventa por ciento restantes de lo que ya has dado, lo que guardaste se expande—y puedes observar cómo literalmente, el noventa por ciento que te quedó se estrecha más allá de la cantidad original. Y que además, al darle el 10 por ciento de lo que recibes, has enviado a tu tío rico el claro mensaje: "estoy abierto y receptivo a recibir más de tu generosidad." Este escenario, en esencia, es la Ley de Circulación puesta en movimiento. El que da es Dios y el receptor eres tú. En nuestros tiempos quien da al almacen de Dios eres tu y el receptor es Dios. Y asi, tú quedaras expresando la Abundancia de Dios que es tu verdadera naturaleza y cosechas las recompensas de ser una persona que da su DIEZMO.

*Más que curioso por lo que puedes hacer con este cuarto REGALO, levantas el rollo de pergamino titulado "La Mecánica de Contribuir al DIEZMO." Recorres con tus dedos el listón de satín color oro y plata. Lo desatas y empiezas a leer con cuidado las instrucciones para dar este REGALO.*

### PROCEDIMIENTOS PARA CONTRIBUIR AL DIEZMO.

¿QUIÉN CONTRIBUYE AL DIEZMO? ¡Tú! Si estás en una relación y tu pareja no está dispuesta a contribuir es importante para ti identificar tu porción de entradas y contribuir con tu DIEZMO de acuerdo a ello. Una conversación sobre esta materia con esa persona tan importante para ti, podría muy bien ser una de las más enriquecedoras que jamás tendrás.

¿CUÁNTO CONTRIBUYES? ¡10 por ciento de todas las fuentes de ingreso! Lo das sobre la cantidad bruta si eres empleado, sobre el neto (después de gastos del negocio) si eres auto-empleado. Por favor date cuenta de la trampa en que muchos caen al pensar que el salario de empleo, las ganancias del negocio, o el interés de tu fideicomiso o pensión, son las únicas fuentes proveedoras. ¡Esto no es verdad! El Dador Infinito te surte de muy diversas manera, con sólo darte cuenta de esto. Contribuir con el DIEZMO se hace de todas las fuentes de ingreso, incluso a las que nos referimos como "no devengadas" e "inesperadas," así como de fideicomisos, beneficios, ganancia de participación, herencias, pensión de jubilación, intereses y dividendos, e incluso reembolso de impuestos. ¿Reembolso de impuestos? Sí, incluso reembolso de impuestos, porque esto también es ingreso. Cuando te comprometes con la práctica de contribuir al DIEZMO ¡Te conectas con la verdadera alegría de dar desde un sobre fluir de abundancia!

¡Permanece abierto y alerta! Si alguna vez tienes una duda sobre "si es o no apropiado" contribuir de alguna provisión que te llegue, pregunta a la Mente de tu Corazón y escucha su tranquilizadora voz. Guiado desde ese lugar, sabrás qué hacer. Es muy importante recordar el principio metafísico: ¡No puedes dar más que lo que Dios ya te da!

TOMA EN CUENTA: dar el dos por ciento no es contribuir al DIEZMO. Es dar, es compartir, pero no podemos llamarlo "DIEZMO," porque no te permite ser un participante total en la Ley de Circulación. Recuerda, DIEZMO significa un décimo. Si estás trabajando para elevarte al 10 por ciento, por favor no llames DIEZMO a tu práctica, hazlo cuando estés dando por lo menos el 10 por ciento de todo tu ingreso al almacén de Dios.

¿A QUIÉN O A QUÉ LE CONTRIBUYES CON EL DIEZMO?
¡Al lugar, persona o institución de quien recibes tu alimento espiritual! ¿Dónde has sentido que la voz de Dios te habla, que Su mano te alcanza, que la presencia de Dios te recuerda quien eres? ¿Tu iglesia, sinagoga, mezquita, practicante espiritual? ¿Tu maestro o autor preferido que te inspira? ¿El vecino que por causalidad te dijo una palabra de sabiduría, la cual cambió tu vida? Al estar muy consciente de la presencia de Dios, puedes dar tu DIEZMO a esa persona o lugar donde se manifiesta el Amor y la Sabiduría de Dios en tu vida. (Nota: en general, dar caridad, o dar a tu causa favorita no es DIEZMO. Apoyar a una organización no lucrativa, tal como la Sociedad de

Cáncer, a los Boy Scouts, a una Asociación Humanitaria es un gesto maravilloso, pero todas las donaciones deberán tomarse en consideración después de la práctica de contribuir al DIEZMO).

¿CON QUÉ FRECUENCIA CONTRIBUYES al DIEZMO? ¡Consistentemente! Regresa de tu bien primero a Dios en cuanto recibas tu ingreso. Tu meta es anticipar alegremente tu primera oportunidad de contribuir tu DIEZMO sobre lo que te llega. Si se te pagan por semana, paga DIEZMO semanal. Si te pagan cada mes, hazlo mensualmente.

¿CUÁL ES TU ACTITUD? ¡Una de Alegría! Te comprometes a dar el DIEZMO, libre, agradecida y amorosamente, desde una posición de abundancia desbordante. Practica esto hasta realmente sentirlo. Como es común, al inicio de cualquier práctica puedes experimentar la tentación de caer en los miedos del ego de que no hay lo suficiente. Supera la tentación y da.

Tu meta es refrenar cualquier sentimiento de "regatear con Dios." Dar con esperanza de lo que obtendrás en retorno es destructivo para el DIEZMO y para experimentar un Vida Abundante. Al dar libremente, desde una consciencia de expectación en lugar de una actitud de impaciencia mental ("Daré para así entonces recibir,") puedes relajarte en el conocimiento de que todas tus necesidades están cubiertas porque estás en el fluir de la Circulación Divina.

¿QUÉ RESULTADOS PUEDES ESPERAR? ¡Estás en el fluir de la Vida! Los contribuyentes del DIEZMO han emitido las siguientes agradables alertas:

- Prepárate a ver cómo tu 90 por ciento se expande.
- Prepárate para ver tus cuentas pagadas, aumento de tu ingreso, y tus miedos disueltos.

- Prepárate a experimentar un nuevo sentimiento de serenidad en lo que respecta al dinero, cuentas, y disputas relacionadas al trabajo.

- Prepárate a experimentar una historia similar a ésta: Después de contribuir su DIEZMO por varios meses, Jorge llegó por casualidad a un sitio donde había una lista de propiedades no reclamadas. Para su sorpresa descubrió ahí una cuenta de su abuelo fallecido, a la que tenía derecho legal. Repentinamente, se encontró el beneficiario de miles de dólares. Estaba ansioso de mandar su cheque de DIEZMO.

- Sobre todo, prepárate para estar completamente alineado con el Donador Divino cuyo amor y generosidad no conoce límites. Al dar el REGALO del DIEZMO, reconocemos la Verdad: Todo en la Vida es un REGALO.

# Un Místico Habla sobre el DIEZMO

De *El Arte del Sanar Espiritual*
Por Joel S. Goldsmith

La provisión es una de las demostraciones más fáciles que el estudiante espiritual puede hacer, pero hay una vasta diferencia entre la verdad espiritual acerca de la provisión y el sentido humano de ella. En la verdad espiritual, la provisión no es lo que llega; es lo que sale. En el sentido humano, se considera verdad lo contrario a eso. Sin embargo, espiritualmente no hay forma de demostrar provisión. No puede hacerse porque toda la provisión que existe en el cielo o en la tierra ya esta dentro de ti en este momento y, por consiguiente, todos los intentos para demostrar provisión resultan un fracaso. No hay provisión fuera de tu ser. Si quieres disfrutar abundancia de provisión, debes abrir un camino por el que esa provisión escape...

A causa de la naturaleza infinita de tu propio ser, no puedes agregarle salud o riqueza, ni oportunidad o compañía: Todo lo que puedes hacer es reconocer que tú personalizas todo lo que Dios es y tiene. No debes intentar obtener; no debes intentar tener; no debes intentar atraer hacia ti; debes aprender cómo dejar que tu Infinito fluya hacia afuera... Las escrituras nos han dado esta enseñanza (de dar) bajo el nombre de DIEZMO, que consiste en dar a Dios un décimo de nuestro ingreso.

# Historia de Éxito Personal

## Un Momento de la Vida Real
## Contribuyendo al DIEZMO

### El Poder del DIEZMO
Por Donna Jacobs

Yo había escuchado acerca de contribuir el DIEZMO cuando era niña pero la creía una práctica exclusivamente de la religión Protestante. Yo crecí Católica y aunque se esperaba que contribuyéramos generosamente a la iglesia, no se hablaba en sí del DIEZMO.

El concepto de contribuir con el DIEZMO, entró a mi vida cuando empecé a asistir a la iglesia de Ciencia Religiosa al inicio de la década de 1990. Aunque no participaba de esa forma, mi consciencia se elevaba por medio de los principios que aprendía. Después de tomar algunas clases y unirme a la iglesia, fui invitada para reemplazar a una persona en el Consejo Directivo. Uno de los requisitos para ser miembro del Consejo era contribuir el DIEZMO para la iglesia. Eso fue un verdadero esfuerzo para mí porque estaba divorciada y vivía con mucho menos ingreso de lo que estaba acostumbrado en mi matrimonio. Lo hice de todas formas, sosteniendo mi aliento y confiando en que todo funcionaría.

Muy poco sabía de las muchas bendiciones que llegarían a mí. Mi fe se fortaleció y mi vida se volvió más enriquecedora. Encontré que realmente mi ingreso no había disminuido en forma importante ahora que contribuía con mi DIEZMO que cuando no lo hacía. Estaba sorprendida. Mi vida continuó mejorando mucho.

Me sentí guiada a cambiarme a California y lo hice en agosto del 2000. Para este momento ya había sido Practicante de oración por cuatro años, y planeaba ir a la escuela de ministerio. Cuando llegué a California estaba llena de entusiasmo, confianza y pasión por crear una nueva vida para mí. Mi plan era obtener un empleo, encontrar un lugar para vivir y, entonces, entrar a la escuela. Asistía a la iglesia regularmente y era siempre una generosa contribuyente, pero en ese tiempo dejé de dar el DIEZMO razonando la idea de contribuir nuevamente cuando tuviera un empleo, mi propia casa y una iglesia "hogar."

Me tomó seis meses encontrar un empleo,—mucho más de lo que había supuesto. Un mes después empecé a trabajar en una compañía que de pronto decidió reducir su tamaño. Como la "chica nueva" fui la primera en tener que irse. Empecé a deprimirme. Entonces, después de trabajar muy duro para obtener mi licencia para vender bienes raíces, intenté empezar en ese campo. Para entonces era la primavera de 2002. Decidí que regresaría a Ohio si no estaba en posición de obtener mi casa propia para el otoño.

Ingresé a la clase de la Rev. Diane Harmony, ¡5 REGALOS Para Una Vida Abundante!® ¡y esto cambió mi vida! Hice el compromiso de contribuir al DIEZMO una vez más . . . no sin miedo, porque tenía muy poco ingreso. Mi vida empezó a cambiar. Al día siguiente firmé un acuerdo conmigo misma para contribuir el DIEZMO y recibí un cheque por correo de $20,000. La mitad era para mí y la mitad era para darlo a otra persona. ¡Mi pensamiento inmediato fue haber deseado que este dinero me hubiera llegado antes de firmar mi acuerdo! Hubiera podido de seguro usar todo ese dinero después de no trabajar por dos años y de haberse terminado mi fondo de desempleo.

Tragué saliva y escribí ese cheque por $1000 para el DIEZMO. Y entonces el dinero empezó a llegarme de muchas partes. Llegó el cheque que había estado esperando de la compañía de mudanzas para cubrir daños ocasionados. Cuando vi a uno de mis hermanos me puso dinero en las manos y me dijo que me daría más. Y así fue. Me envió un cheque mensual por $100 para ayudarme en mi bache financiero. Hubo otros REGALOS monetarios, la abundancia empezó a mostrárseme en todas partes.

Mientras trabajaba con el proceso en clase, empecé a tener claridad acerca de mi vida. Como resultado de mis experiencias infantiles, había pasado la vida con la creencia de no ser deseada o amada. Había tomado terapia acerca del asunto y me sentía en paz acerca de mi niñez, pero todavía llevaba ese sentimiento de no ser querida o amada. Vi a mi sobrino nieto ese fin de semana cuando mi hermano puso el dinero en mi mano. Pasamos juntos un tiempo fantástico y me colmó de amor y afecto. Después de nuestro encuentro manejé a casa llorando por darme cuenta de que era querida y amada. Esa criatura me enseñó que era valiosa, y yo estaba abierta a recibir ese amor como resultado del curso 5 REGALOS. Pude recordar lo importante que yo soy, y que mi vida tiene su propósito.

Me había juzgado a mí misma tan duramente que había destruido cualquier fe que en mi hubiera tenido. Se hizo claro que el camino mejor sería regresar a Ohio, sin importar las de en mi vida para el fin del verano. Se dieron sucesos que me aclararon donde estaba mi lugar y que yo iba a regresar a casa aún antes de lo que había planeado originalmente. Todo eso . . . y más . . . se restauró cuando al final dije otra vez "Sí" a Dios al dar el 10 por ciento de mi ingreso a mi fuente de alimento espiritual.

La historia continúa. Encontré un empleo dos semanas después de mi regreso a Ohio. Un mes después firmé un contrato para comprar una casa y ahora vivo otra vez en mi propio hogar, con todas mis posesiones que habían estado almacenadas por dos años. He aprendido a apreciar todo durante este tiempo y estoy continuamente agradecida por cada momento de mi vida. He podido desapegarme de "cosas." Y aunque es maravilloso estar en mi propio espacio con mis propias cosas, he aprendido que eso no es lo más importante en la vida. Mi conexión espiritual es lo que más valoro, y contribuir al DIEZMO me mantiene siempre consciente de que Dios se muestra en todas las áreas de mi vida. ¡Permanezco en el fluir al ser parte del fluir! Así es como funciona. NUNCA me permitiré bloquear mi bien ni cerrarme a la alegría de contribuir al DIEZMO.

Apenas terminé de facilitar el primer curso de ¡5 REGALOS para una Vida Abundante!®, en Ohio, y estoy gozosa al ver la transformación en las vidas de aquellos que asistieron. Una persona cree que mi viaje a California y el regreso fueron para permitirle a ella recibir lo que ella obtuvo de la clase. Su vida cambió también. La gente prospera y florece, y sabemos que el crecimiento continuará indefinidamente. ¡Qué bendición es estar en el fluir de la vida! Es como "surfear," así que monta la ola… Estamos continuamente sostenidos por el Universo y todo se nos proporciona. Todo lo que tenemos que hacer es decir "Sí."

## Pateando y Gritando Todo el Camino
### por Tina Fox

Si hay alguien en la tierra que ha peleado con uñas y dientes en contra de la idea de contribuir el DIEZMO, creo que he sido yo. No fue por falta de intentarlo —muchos meses me la pasé tratando de contribuir mi DIEZMO. Cuidadosamente calculaba el 10 por ciento de mi ingreso neto—hasta el último centavo—y entonces entraba en pánico al pensar en dar lo que me parecía una enorme suma de dinero.

Mis dientes rechinaban mientras escribía el cheque y tan pronto como daba el dinero para ese mes a la "fuente de mi alimento espiritual," repentinamente me encontraba casi en la miseria. ¡El dinero de mi chequera desaparecía ante mis ojos! Me sentaba con mis cuentas al rededor preguntándome donde diantre se había ido el dinero, entonces hacía una pausa, sacudía la cabeza y murmuraba, "DIEZMO . . . ¡Sí, cómo no! Miren qué bien funciona contribuir al DIEZMO¡ Estoy en quiebra! Se supone que contribuir el DIEZMO hace fluir la abundancia de Dios en mi vida ¿Qué ocurrió?" Así que dejaba de contribuir. Tan pronto como lo hacía sentía un enorme alivio y el dinero inmediatamente fluía a mi vida de nuevo. Desde luego, con mucho más dinero en mi vida, me sentía culpable por no contribuir al DIEZMO, y entonces lo intentaba otra vez. Contribuía y el dinero y los recursos se agotaban en unos días. Tan pronto como dejaba de darlo, el dinero fluía de nuevo. No tomó demasiadas repeticiones de este patrón para llegar a la conclusión de que contribuir el DIEZMO no funcionaba para mí.

Un día decidí en un impulso, empezar a "dar." Había gente en mi vida que había sido una bendición para mí y sentí la urgencia de regresarles algo. Decidí que si me sentía motivada a dar, entonces daría. No pensé ni cuánto daba ni pensé en recibir nada en retorno. Di porque estaba muy agradecida de tenerlos en mi vida y muy llena de GRATITUD por los REGALOS que ellos me habían dado. En un corto período de tiempo encontré que estaba dando mucho más del 10 por ciento de mi ingreso bruto, y aún así parecía tener más dinero que nunca. Parecía que mientras más daba, más tenía. Había siempre más de lo suficiente. Finalmente, se me ocurrió que estaba contribuyendo mi DIEZMO—y lo estaba haciendo en el más verdadero sentido de la palabra.

Cuando la Rev. Diane habla acerca de contribuir al DIEZMO, frecuentemente se refiere a "dar del desbordamiento." Anteriormente cuando intenté hacerlo con tanta energía, daba con un sentido de obligación, de miedo, o con la esperanza de obtener algo en retorno Y daba desde una posición de profunda carencia. En realidad no tenía nada qué dar en ese momento y el universo era lo suficientemente amable de señalarme esto al detener el flujo de recursos en mi vida. Cuando empecé a dar desde el desbordamiento de mi amor, de mi aprecio por la gente y de los dones en mi vida (sin ataduras), entonces estaba realmente "dando" desde la ilimitada abundancia de Dios en mí—y el universo respondió de igual modo. Han pasado cuatro años desde que adopté esta práctica de "dar." Y mientras doy desde el desbordamiento de abundancia, amor, y agradecimiento en mi vida, siempre hay más que suficiente.

# DA TU REGALO: PRÁCTICA

## Instrucciones Para Abrir el Corazón a Contribuir el DIEZMO

Ahora es el momento de llamar a tu Socio de Oración para Prosperidad y acordar una cita. Asegúrate de llevar el siguiente contrato. Una vez juntos, pueden empezar su sesión para dar su DIEZMO con una oración. Desde esta oración, pueden leer en voz alta su "Contrato Con Dios." Procedan a firmarlo y atestiguarlo mutuamente. Prométanse apoyarse mutuamente y estar disponible el uno al otro cuando menos una vez a la semana a través de los miedos, lágrimas, alegría y abundancia, que conlleva este compromiso. Discutan entre sí otras posibilidades acerca de dónde contribuirán con su DIEZMO las próximas diez semanas. (Recuerda, de acuerdo a los sabios antiguos el número diez es el "número mágico del aumento.") Terminen la sesión con una oración y principien la práctica espiritual sagrada del DIEZMO.

CONTRATO CON DIOS
# MI ACUERDO SAGRADO

*Completamente consciente*
*de que YO SOY la afluencia infinitamente próspera de Dios,*
*y que Dios es mi sola y única Fuente de toda Provisión.*
*Ahora ofrezco contribuir con el 10 por ciento de todo mi ingreso*
*durante las siguientes diez semanas a la persona o lugar en donde estoy*
*recibiendo mi alimento espiritual.*
*Sosteniendo la Verdad de que el diezmo es una práctica espiritual,*
*de forma voluntaria, son gozo y agradecimiento doy primero a Dios.*
*Me comprometo a cambiar mi consciencia para saber que*
*YO SOY próspero,*
*porque me doy cuenta y afirmo que mi cambio de consciencia*
*me lleva a una vida más abundante.*
*Entro en este acuerdo eliminando cualquier creencia en la separación de*
*mi Fuente, Mi Dios, mi Abundante y Prospero Ser.*

_____          _____
       Tu nombre                      Nombre de tu Socio de Oración
                                      para Prosperidad

Fechas del DIEZMO dado durante las 10 semanas Que inician
_____ y terminan _____.

# RECONÓCETE

## Date ¡el REGALO del DIEZMO!

Haz un compromiso para vivir con la esperanza de recibir ingresos no planeados. Cuando lleguen—y así será—como resultado directo de tu DIEZMO, planea tomar una porción para gastarla en ti. Mantén tu Mapa de la Mente del Corazón a la mano, y prepárate para tener fondos para una de tus INTENCIONES por la abundancia que activas por medio del DIEZMO.

# CAPÍTULO 8

# RENDIR

*Entrégate*

Una ola de tristeza te recorre mientras lanzas una mirada sobre el último de estos sorprendentes REGALOS enviados por el Dador de secretos para vivir una Vida Abundante. Ahora ya disfrutas de verdad la simple pero profunda práctica de reconocer cada día en tu Diario de GRATITUD cinco regalos por los que te sientes especialmente agradecido. Te honras a niveles cada vez más profundos al establecer tus INTENCIONES claramente y significativamente y al permitirles manifestarse con gracia y facilidad. Experimentas la dulce bendición de renovar tu vida a través de las prácticas de Auto-PERDÓN y PERDÓN de Otros, y estás centrado en tu compromiso de dar un DIEZMO del 10 por ciento de todo tu ingreso en reconocimiento de Dios como tu Fuente. En verdad, tu vida se ha vuelto más rica, y tú eres un verdadero receptor y dador de estos sorprendentes REGALOS. "¿Qué más queda ya?" preguntas.

Entonces recuerdas que emprendiste este viaje de descubrimiento, no sólo tener abundancia sino ¡para ser la Abundancia de Dios! Y aunque no estás seguro que significa realmente eso, basado en tu experiencia hasta este punto, tienes todas las razones para pensar que, al menos, este último REGALO debe ser tan poderoso como los primeros cuatro.

Con una expectación que es a la vez impaciente y renuente, tomas este último regalo. Es largo, delgado y muy plano, como una regla de 12 pulgadas, y su etiqueta dice:

## ¡RINDETE!
### Al dar este REGALO
### ¡Permites al Bien de Dios en tu Vida!

*Abres la envoltura de multiples colores para encontrar un largo marcador de libros con una afirmación escrita con letras negras resaltadas con la inscripción:*

## ME RINDO AL PODER Y LA
## PRESENCIA DE DIOS DENTRO DE MÍ

¡Esto es poderoso! . . . ¿Pero qué significan las palabras "ríndete?" Eso no te suena nada bien. Hace algunos años yo habría estado completamente de acuerdo, porque esa palabra tiene la habilidad de provocar oleadas de escalofríos en la mente del ego. Vayamos al diccionario para asegurarnos que nuestros egos no se están estremeciendo en vano. Aquí encontramos una de las definiciones de la palabra: "entregarse uno al poder o control de otro." Sinónimos comunes de rendirse son: entregarse abandonarse, conceder, someter y renunciar. Ciertamente en estas palabras no parece haber ningún tipo de promesa de Vida Abundante, más bien connotan derrota e impotencia.

Cuando se pregunta qué significa para ti la palabra rendirse, la mayoría responde con palabras como "renuncia," "derrota," "fracaso." "letargo," "ya no me importa," o "tú ganas, yo pierdo." La imagen de una bandera blanca ondeando en un campo de batalla podría venir a la mente . . . la guerra terminó, y si estamos del lado del ondulante lienzo blanco, estamos ensangrentados, derrotados y enfrentamos el destino de ser capturados o muertos. ¡No exactamente una imagen positiva o bella!

Pero a estas alturas de nuestro viaje de REGALOS, sabemos que el misterioso Desconocido no enviaría un REGALO tan contrario a la promesa de una Vida Abundante. Entonces ¿qué se supone que pensemos? . . . Tal vez la clave para distinguir esta RENDICIÓN de su definición humana/del ego y comprender el REGALO, es mirar a QUIÉN se nos pide que nos rindamos. Y justo ahí, en la tarjeta con la afirmación, está la respuesta: al Poder y la Presencia de Dios en nuestro interior. Ahhh . . . ahora ese concepto puede que abra la puerta a la idea de RENDIRSE ¡como una poderosa práctica espiritual!

Cuando dejamos ir y le permitimos a Dios hacer su trabajo, nos encontramos en medio de una práctica espiritual tan poderosa en la que pueden descubrirse las creencias centrales que nos han mantenido cautivos y empequeñecidos, donde puede terminar la resistencia a nuestro bien, en la que puede hacerse pedasos el miedo a lo desconocido, en la que podemos hacer nuestra la sensación de unidad con Dios y la vida, y un nuevo mundo pleno de posibilidades infinitas puede abrirse para nosotros.

¿Y a qué o para quién practicamos la acción y arte de RENDIRSE para experimentar estos beneficios hermosos y abundantes? No a alguien o algo fuera de nosotros, como se entendería bajo el concepto no-espiritual de RENDIRSE, sino a Dios dentro de nosotros. Es un trabajo interior profundo RENDIR nuestro ego/ser al Ser Divino que está en el interior de nosotros. Es al comprender que este es un "trabajo interno" que podemos lograr; que el verdadero beneficio no tiene nada que ver con rendirnos a una autoridad en el mundo externo, ni de aceptar una derrota alguna.

"Hágase Tu Voluntad (no la mía)," cuando se acepta de verdad, abre una apertura para que el Espíritu deje ver un mundo de elecciones y oportunidades imposibles de imaginar desde la perspectiva de nuestros pequeños "yos," manejados por el ego. Enseguida, algunos testimonios de estudiantes del curso de los 5 REGALOS:

- "Al dejar ir la idea ilusoria de que yo controlo mi vida, me libero para elegir que entre un número de múltiples oportunidades que ofrece el Universo."
- "Solía comprender la palabra RENDIRSE como darse por vencido, ahora la percibo como un acto de entrega."

- "Es una elección consciente de permitir al poder y la presencia de Dios vivir Su vida como yo."

¡Imagina! ¡Permitir a la dulce Presencia Divina Interior vivir tu vida! Imagina las oportunidades que entonces se abren para ti. Imagina el bienestar y la gracia de cada momento, de cada día. Imagina el alivio al saber realmente que no estás solo . . . que no tienes que hacerlo todo tú . . . que dentro de ti está un conocedor que te guía, dirige, mantiene y sostiene. Imagina rendirte a ese Sabio, Divino Ser. Esa es una dulce RENDICIÓN.

Cuando nos RENDIMOS al Poder y la Presencia de Dios en nuestro interior, los sinónimos de RENDICIÓN toman un significado completamente nuevo.

- Ceder: ceder ante le fluir de la vida en lugar de oponérsele.
- Renunciar: aceptar lo que es sin resistencia, para permitirnos elegir en forma diferente.
- Resignar re-asignar a nuestros pequeños "yos" y ponerlos al servicio de nuestros Seres Sagrados y a la guía que ofrecen. Estamos re-asignándonos más de la Bondad de Dios.
- Someter: someter nuestra voluntad a la Divina Voluntad de Dios dentro de nosotros. Sometemos a nuestro oído interior a escuchar a la Pequeña y Suave Voz que eternamente nos ofrece Su inspiración.

En las palabras de un graduado de los 5 REGALOS, "Asegúrate de rendirle todo a Dios… Seguro de Rendir… RENDIRSE."

Cuando damos el REGALO de la RENDICIÓN, ésta se expresa a sí misma en nuestras vidas como la cualidad de Confianza. Usualmente se nos llama a RENDIR nuestra forma de creer o de hacer las cosas cuando estamos sin opciones, y no tenemos a dónde más voltear. Cuando el dolor es demasiado grande, cuando lo que hemos pensado que funcionaría falla una y otra vez, cuando la resistencia a cambiar es tan fuerte que nuestros cuerpos están tiesos y tensos, y nuestras emociones están más que agotadas, nos encontramos sin ninguna otra elección que la de rendirnos y dar la vuelta. Hacer esa elección es estar a la vera del Río de la Confianza. RENDIRSE al Poder y Presencia de Dios dentro de nosotros, nos permite flotar libremente en la sabiduría del Ser Divino guiados por la voz interior de la Intuición y empoderados por los vientos del Amor de Dios, hacia las playas de posibilidades infinitas.

## ¡ME RINDO AL PODER Y PRESENCIA DE DIOS DENTRO DE MÍ!

# Un Místico Habla sobre RENDIRSE (Entregarse)

### Eckhart Tolle
De *El Poder del Ahora*

Si usted encuentra su situación en la vida insatisfactoria o incluso intolerable, sólo RINDIÉNDOSE primero puede romper el patrón de resistencia inconsciente que perpetúa esa situación.

El acto de RENDIRSE (o entrega) es perfectamente compatible con la acción, con iniciar cambios o lograr metas. Pero en el estado de RENDICIÓN hay una energía totalmente diferente, una cualidad distinta, que fluye en su actuar. La RENDICIÓN (entrega) lo vuelve a conectar con la fuente de energía del Ser y si su actuación está infundida por el

*Ser, se convierte en una celebración gozosa de energía vital que lo lleva más profundamente al presente. Por medio de la no resistencia, la calidad de su conciencia y, por lo tanto, la calidad de todo lo que está haciendo o creando se realiza infinitamente. Los resultados entonces se producirán por sí mismos y reflejarán esa calidad...*

*La cualidad de su conciencia en este momento es la que constituye el determinante principal del tipo de futuro que experimentará; así pues, RENDIRSE es lo más importante que puede hacer para producir un cambio positivo. Cualquier acción que realice es secundaria. No puede surgir una acción verdaderamente positiva de un estado de conciencia sin entrega.*

*Historia de Éxito Personal*

# Un Momento en la Vida Real de RENDICIÓN

Por Catherine Espinoza

Yo veo al acto de RENDIRSE como regresar a mi fe de que el Espíritu está a cargo—es soltar y dejar a Dios actuar. En esta actividad de liberación debo también saber que Dios es Unido a uno en bondad, y que Sus bendiciones siempre se llevan a cabo en el momento adecuado y para mi mejor bien.

Usualmente yo elijo rendirme cuando la vida se vuelve demasiado para mí: cuando es abrumadora; cuando hay demasiado quehacer; cuando estoy luchando; cuando las situaciones se vuelven más que desafiantes; cuando la vida no coopera con mis expectativas. Entonces, me permito tomar un respiro conscientemente, hacer a un lado circunstancias e ir a mi interior, con frecuencia descubro que me he permitido caer en ese viaje del ego, siempre moviéndose hacia abajo. Me desplomo en el abismo de "mi-pobre-yo." Soy yo quien tiene mucho qué hacer. Soy yo la que trabaja demasiado. Soy yo la que da demasiado. Soy yo la no valorada. Soy yo quien cree hacer todo por sí misma.

Al ir aprendiendo a reconocer este patrón dentro de mí, sé que puedo elegir algo diferente. Puedo regresar a ese lugar más elevado de consciencia donde puedo recordar la Verdad de que Dios es todo lo que es, y que es su mayor placer darnos el Reino. Lo que yo admiro en el proceso evolutivo de la vida y la consciencia, es morar permanente en ese dulce y desconocido lugar de RENDICIÓN; en el que cada uno de nosotros simplemente empieza a ser la fe absoluta de la expresión del Espíritu, en todas las facetas de nuestra vida.

Por largo tiempo me he preguntado el significado de la famosa escena en El Mago de Oz donde la Bruja Malvada del Oeste escribe en el cielo con su escoba mágica las palabras "Ríndete Dorothy." Por muchos años pensé que la bruja exijia ser dueña de Dorothy junto con las zapatillas rubí. También pensé que la bruja podía haber querido decirle a Oz, que entregara a sus garras a Dorothy, porque el misterioso mensaje fue escrito en el cielo sobre la Ciudad Esmeralda de Oz, donde todos los habitantes pudieran verlo (y en particular el mismo mago).

Usando una interpretación más espiritual, ¿Podría ser posible que la bruja, subconscientemente o en forma inadvertida, quisiera ayudar a Dorothy para entrar en ese poderoso lugar de fe al recordarle RENDIRSE o "dejar ir y dejar a Dios actuar?" A causa de lo que escribió la bruja en el cielo Dorothy pudo pasar a través de las puertas y tener una audiencia con el mago recibir una respuesta a su solicitud de destruir a la bruja y ayudar a sus amigos a cumplir sus deseos. Fue el poder del Amor y del Cuidado—de la mente, del corazón, y del valor (o espíritu)—el que ayudó a Dorothy encontrar finalmente su camino a casa.

Quizá cada uno de nosotros tiene a esa "bruja" dentro, quien nos hace olvidar que somos expresiones de Dios, pero al final no acaba por recordarnos la Verdad de nuestro ser, al pedirnos que nos entreguemos a la bondad infinita y Correcta Acción Divina del Espíritu. Con el Espíritu siempre hay un camino. Ahora, si solamente pudiera recordar dónde estacioné mi escoba mágica....

# Da tu REGALO: PRÁCTICA

## Instrucciones para abrir el Corazón y RENDIRSE

### EJERCICIO PARA CONFIAR Y RENDIRSE

*Este ejercicio está diseñado para permitirte sentir en mente y cuerpo la práctica espiritual de la RENDICIÓN.*

Llama a tu Socio de Oración para Prosperidad y haz una cita para que hagan esta simple asignación juntos. Párate de espaldas a tu socio a una distancia de dos o tres pasos. El trabajo de tu socio es atraparte en sus brazos. Con tus brazos sueltos a los lados, endurece tu cuerpo como una tabla y cae de espaldas en los brazos de tu socio. Cada vez que hagas esto date cuenta de cómo se siente Confiar y RENDIRSE. Nota el cambio que ocurre cuando te permites soltarte completamente—sabrás eso cuando lo hagas. En el momento en que lo logres, estás listo para cambiar de lugar con tu socio y permitirle tener esta sorprendente, simple y sin embargo profunda experiencia de Confianza y RENDICIÓN.

### MEDITACIÓN GUIADA: Soltando Resistencias

(Para que *te sea leída por otro o grabada en tu voz para que la escuches. No leas ni grabes las palabras entre corchetes [ ]. Éstas son "direcciones de escena").*

Suavemente cierra tus ojos y lleva tu atención hacia tu interior. Suelta cualquier apego al mundo exterior mientras te enfocas en tu respiración. Toma una respiración profunda a través de la nariz. . . . Inhala. . . . Llena tus pulmones a toda su capacidad, y sostén el aire. Abre tu boca ligeramente . . . y . . . exhala muy lentamente. . . . Mientras más lentamente exhalas, más se relajará tu cuerpo . . . serénate . . . cálmate . . . Muy bien.

Inhala una vez más . . . esta vez imagina cómo la Luz de Dios llena todo tu ser . . . trae una sensación de paz y relajación a cada parte de tu cuerpo desde tu cabeza . . . y bájala hasta la punta de tus pies. . . . Bien.

Ahora, deja a tu respiración regresar a su ritmo natural . . . y pon tu atención suavemente en ella, mientras continúas la relajación de tu cuerpo . . . y sueltas . . . ahora respira fácilmente y sin esfuerzo. . .

Mientras tu cuerpo continúa relajándose . . . lleva tu atención a la mente. Libera cualquier conexión con los pensamientos que encuentres ahí, y permítele quedarse vacía . . . en completa relajación.

[Pausa. . . .] Y ahora enfoca tu atención en el espacio del corazón. Deja a tu corazón abrirse mientras sientes una profunda sensación de relajación pasando por tu cuerpo . . . tu mente . . . y tu corazón. [Pausa. . . .]

Y ahora reconoce tu cuerpo emocional, nota cualquier sentimiento que pudiera salir en este espacio de profunda relajación. Es en el nivel emocional cuando nos aferramos a las creencias y patrones que nos mantienen en resistencia . . . y en las garras de no-rendición al Ser Superior/Divino . . . donde estan enterradas todas nuestras posibilidades. La resistencia vive de oponerse a lo nuevo . . . al cambio. Toma la forma de un puño apretando nuestras mentes y cuerpos . . . de un miedo a soltar. . . . Se esconde en los pensamientos de apego . . . y en las emociones de no poder soltar. Y se aloja en nuestros cuerpos como estrés y tensión agarrándose y pegandose.

Revisa tu ser emocional ahora . . . registra cualquier sentimiento de resistencia, situación o idea que te llama a rendirte

. . . a cambiar. . . . [Pausa. . .] Invita a ese sentimiento a hacerse
consciente . . . a un espacio de no resistencia donde lo abrazas
sin ningún juicio o miedo. . . . [Pausa. . .] Nota en dónde se sitúa
en tu cuerpo. . . . ¿Está alojado en alguna área en particular de tu
forma física? ¿Puedes quizás sentir tensión en tus hombros? ¿En
tu plexo solar? ¿En torno a tu corazón? . . . [Pausa. . .] ¿. . . en qué
parte de tu boca se encuentra tu lengua? ¿Presionando el paladar?
¿Enroscada hacia abajo? ¿Apretando tus dientes inferiores?
Observa cómo responde tu cuerpo a la resistencia que sientes . . .
trabaja para cancelar la incomodidad que ahí se encuentra . . . para
expulsarla. . .

Observa cómo la mente lucha contra la indeseada idea de
soltar, de cambiar . . . de dejarte ser Quien Tú Eres. . . . obsérvala
batallando para distraer . . . discutir . . . ignorar. . . .

Y ahora, trae tu atención al espacio de tu corazón . . . el espacio donde el Espíritu vive dentro de ti . . . el lugar de Dulce
Rendimiento a tu Ser Divino. Entra en ese espacio y siente los
sentimientos de paz, armonía y tranquilidad que ahí se encuen-
tran . . . el sentimiento de Unidad con toda la vida. . . . Desde
ese seguro y amoroso refugio de tu corazón . . . invita a tu mente
a abrirse gentilmente . . . a responder a tu total aceptación de su
lucha de no ceder . . . Invita al dolor y al sufrimiento causados por
la acción de resistencia. . . . invita todo a suavizarse . . . los bordes
alrededor de los pensamientos de apego enfermizo . . . el puño de
resistencia libera se afloja y empieza a dejar ir . . . [Pausa]

Al abrir el puño de tu mente sus dedos . . . abre . . . abre . . .
libera . . . libera . . . sientes la RENDICIÓN de tus pensamientos
afectando directamente tus emociones . . . y tu ser físico. Al permitir aflorar las sensaciones y sentimientos de tu ser emocional
. . . en una atmósfera de aceptación y amor . . . momento a
momento se libera la resistencia, la tensión . . . el dolor . . . se disuelven los sentimientos de aferrarse, de agarrarse de algo . . . las

tensiones se disuelven suavemente. Las barreras se deshacen en un tibio abrazo de Aceptación, Amor y Compasión . . . suavemente . . . flotando. . . libres . . . las sensaciones se disuelven en el espacio . . . en la nada de la cual vinieron . . . disolviéndose . . . liberándose. La resistencia se desvanece en la tibieza de tu corazón . . . [Pausa...]   La resistencia al dolor . . . a lo desconocido . . . a la incomodidad . . . incluso a RENDIRSE—siéntela ahora disolviendo en el templo de tu cuerpo todas las tensiones . . . el cuerpo suavizando y relajando y desvaneciendo ahora todo estrés . . . tensión . . . y apego. . .

[Pausa. . . ]. . . . El cuerpo está suave, la mente abierta . . . suave y abierta. Las sensaciones que surgen se disuelven, neutralizan, flotan libres en el cuerpo ligero . . . la mente abierta . . . rindiéndose paso a paso . . . soltándose paso a paso en el espacio de tu corazón . . . en esa vasta apertura de Dios dentro de ti . . . poco a poco el Amor y la Luz de lo Divino derritiendo cualquier residuo de resistencia . . . dejándote penetrar el espacio de tu Ser . . . dejándote ir a los brazos de tu Ser Divino . . . más allá del cuerpo . . . más allá de la mente . . . descansas por completo en el espacio de tu corazón . . . en el Corazón de Dios.

Y cuando estés listo puedes lenta y amorosamente regresar tu atención al momento presente. . . . Te vuelves consciente de tu cuerpo aquí y ahora . . . [Pausa]. . . . Gentilmente abre tus ojos . . . te sientes libre y en completa entrega al corazón de dios . . . a tu Ser Divino.

# *RECONÓCETE*

## DATE El REGALO DE LA RENDICIÓN

Consiéntete a ti mismo el REGALO de liberar la resistencia del templo de tu cuerpo. Siéntate en una sauna o en un jacuzzi bajo las estrellas. Toma un largo baño relajante. Llama hoy y haz una cita para un masaje, un baño herbal, un facial o un arreglo de pies. Inscríbete en una clase de yoga. O date tú misma el lujo de extender diez minutos tu práctica diaria de meditación. ¡Lo mereces!

# CAPÍTULO 9

# ¡TU VIDA
# ABUNDANTE!

*Da Gloria*

Ya fueron desenvueltos todos los paquetes que dejó el misterioso Extraño. Pero los REGALOS permanecen grabados en tu consciencia, en la Mente de tu Corazón. Te haz vuelto hábil en las prácticas de dar los REGALOS de GRATITUD, de Establecer y Manifestar INTENCIONES, del PERDÓN a UNO MISMO y a OTROS, de la práctica del DIEZMO, y de la RENDICIÓN. Y sucedió que al darte estos REGALOS y dárselos a otros estás activando tu deseo de cumpleaños de vivir una Vida Abundante.

Tu vida está cambiando. En algunas áreas a la velocidad del sonido, y en otras en forma aparentemente lenta y sutil. Probablemente empiezas a identificarte con algunas personas cuyas historias has leído o escuchado que han experimentado una transformación en sus vidas al dar estos 5 REGALOS. Ahora tienes tus propias historias para compartir. Éste sería un momento perfecto para llamar a tu Socio de Oración para Prosperidad y decirle "Gracias." ¡Qué magnífico viaje han compartido juntos! Hagan una cita para reunirse a observar sus mapas de la Mente del Corazón una vez más. Reconózcanse por viajar juntos este camino, y diseñen una ceremonia para celebrar ser la Abundancia de Dios. Quizás podrían construir un altar usando símbolos que signifiquen para ustedes Abundancia y Prosperidad. Den el REGALO de Gloria al Divino uniéndose en oración una vez más.

Quizás has sentido un cambio de actitud hacia tus circunstancias financieras desde que empezaste a dar tus REGALOS. Tal vez no te ganaste la lotería como esperabas cuando empezaste a leer este libro. Tal vez te encuentras más o menos al mismo nivel de cuando empezaste este viaje, pero haz llegado a darte cuenta que aún después de dar 10 por ciento al lugar o persona que representa la Presencia de Dios en tu vida, tienes suficiente para cubrir tus necesidades. Y es probable que tu reacción a tus circunstancias actuales sea menos volátil y con menos tensión de lo que era antes. Es entonces, desde este lugar, donde te RINDES a ser ese canal completamente abierto para que la Abundancia y la Grandesa de Dios fluyan en tu vida.

Puedes haber últimamente notado que el lugar donde trabajas se siente más agradable ahora que das el REGALO DE GRATITUD por pequeñas cosas, como el sabroso café o el color tranquilizante de tu espacio laboral. Con tus INTENCIONES sobre tu carrera en la Mente del Mapa de tu Corazón firmemente arraigadas en tu consciencia, es probable no te sientas tan apegado a tu actual empleo porque puedes verlo sólo como un pie en la puerta necesario para realizar tu sueño. Entiendes que actúas y te desapegas porque. . . ¡Sabes que todo está bien!

¿Son ya tus relaciones un poco más calmadas? . . . ¿Encuentras que das y recibes un poco más de armonía y compasión a los miembros de la familia, a compañeros de trabajo, al ser amado, o a los amigos? Si es así, estás experimentando el efecto natural de dar y recibir los 5 REGALOS, en especial el REGALO del PERDÓN. Aunque el PERDÓN impacta todas las áreas de nuestras vidas, donde lo hace más profundamente en el campo de las relaciones. Si aún no has notado cambio alguno, revisa tu interior —¿Sientes un poco de malestar al establecer la INTENCIÓN de volver cierta relación mas armoniosa? O quizás quieres agregar ese "rayo" a la Dimensión de la Vida en el Mapa de la Mente del Corazón en el área de Relaciones.

Has notado algún cambio en tu salud y bienestar. . . ¿Tienes más energía… un deseo de comer alimentos que son más nutritivos? ¿Sientes una mayor disposición de abandonar los hábitos y adicciones que ya no te sirven? ¿Encuentras que ya no necesitas depender de medicamentos para balancear tu ánimo o aliviar molestias y dolores? ¿Escuchas a tu cuerpo y lo complaces… lo honras cuando dice "descanso," "ejercicio," "comida fresca," "hora de dormir?" Vivir sabiamente, orando sabiendo que eres la Plenitud y Perfección del Espíritu—puede haber influenciado todo esto. El cuidado y el amor de ti mismo son resultados naturales de dar y recibir los 5 REGALOS.

¿Haz tenido ya algunas experiencias "relámpago?" ¿Han llegado $10,000 o más en una carta, como le pasó a uno de mis estudiantes después de entregar su primer cheque de DIEZMO? ¿Has empezado un nuevo negocio que está despegando velozmente como resultado de la oración con tu Socio de Oración para Prosperidad, ¿Ha resultado algún diagnóstico de cáncer una falsa alarma? ¿Ha ocurrido la boda largamente esperada? ¿Tu divorcio llegó a un final donde los dos quedaron amigos? ¿Tienes en la mano el itinerario para tu soñado peregrinaje a Egipto? ¿Has recibido una llamada inesperada de un pariente a quien no le habías hablado en años? ¿Tuviste finalmente una buena noche de sueño tras liberar los sentimientos que te consumían de ira, miedo y resentimiento hacia tu adolescente con adicciones? ¿Alguien aceptó tu propuesta… acordó publicar tu libro… compró tu producto en cantidades más allá de tus esperanzas más optimistas… te dio la audiencia que necesitabas… te nombró heredero de una fortuna… te promovió… te pidió en matrimonio… reconoció que tú eres el amor de su vida? Cada uno de estos cambios de circunstancias ha ocurrido realmente en las vidas de mis estudiantes de 5 REGALOS.

*¡EN LA MEDIDA EN QUE DES LOS 5 REGALOS, ASÍ RECIBIRÁS!*

Ahora debes felicitarte por el trabajo que has realizado y los resultados que has visto. Con la sorpresa de que "esta cosa si funciona," das un suspiro de profunda RENDICIÓN a la Presencia de Dios dentro de ti y entras a un silencio meditativo. Sintiéndote confortado por las manifestaciones ocurridas (ya sean grandes o pequeñas), permites a tu atención fluir hacia tu interior con cada inhalación y exhalación. Entre más profundizas te sientes más íntegro y completo, en una forma nunca antes experimentada.

Tu respiración es fácil y profunda, te vuelves consciente de esta experiencia tan rica, de este simple acto de respirar . . . de su ritmo que calma, tan lleno de paz. Te das cuenta cómo tu consciencia, en forma natural, encuentra su camino a casa, la casa de la Mente del Corazón, ese lugar familiar donde te sientes ahora tan bienvenido y tan seguro. Te relajas flotando en la suavidad de tu aliento, y para tu sorpresa y maravilla sientes una Presencia familiar. ¿Será verdad? Sí. . . ¡Es el Extraño misterioso! Y apenas te das cuenta de esto cuando tu consciencia se abre al reconocimiento de que este Generoso Extraño . . . eres Tú. ¡Tu Ser Divino es el dador de los 5 REGALOS para una Vida Abundante!

Sin necesidad de palabras, entras en una profunda conversación con este Ser de Sabiduría y Luz, la fuente misma de estos sorprendentes REGALOS para tu alma. Te das cuenta de nuevo que estos REGALOS han sido dados para un propósito mucho mayor que el de tan sólo manipular el mundo material. Se te recuerda que las demostraciones de salud y riqueza en todas las áreas de tu vida, son simplemente el producto secundario del verdadero propósito de dártelos . . . el verdadero propósito, ahora entiendes, es recordarte siempre tú eres un Distribuidor Divino de todos los REGALOS que provienen de Dios. Te sientes totalmente en armonía con este Ser amoroso, respondes a Sus pensamientos en completo acuerdo de que tu único propósito es dejar ver la Verdadera Naturaleza de Dios en cada momento de tu vida. Eres un instrumento de Dios, y estás aquí para que el Espíritu toque su santa melodía a través de ti. Tienes la libertad de sentir más profundamente el despertar espiritual a la Verdad de que tú eres el Generoso y Enorme Amor de Dios.

Inmerso en la consciencia de tu Unidad con Dios, la figura luminosa te invita a abrir tus ojos interiores a la visión que despliega ante ti. Tu atención se maravilla ante la percepción de la Tierra vista desde el espacio exterior...una Tierra que es un planeta de abundancia, un lugar de paz, un paisaje de amor. Difícil de reconocer por que no hay turbulencia, guerra, escases de alimentos o fronteras, te das cuenta que no existen los que "tienen" o "no tienen." No existe el estado de supervivencia, de pasar hambres, de estar enfermo sin recibir el cuidado necesario, de necesita dinero o buscar desesperadamente un empleo. Y no hay fronteras. En este cuadro no hay peleas por "lo mío" y "lo tuyo" porque todos viven en la abundancia y cada deseo es satisfecho.

Al mirar aun más cerca, te das cuenta de que en este fértil globo sobreabunda opulencia de enormemente toda clase de plantas, animales, deliciosos alimentos, maravillosos refugios, y ropas para todas las estaciones en abundancia. La consciencia de todos los habitantes ha sido elevada por sobre la carencia; comparten sus riquezas y están en servicio uno del otros...libremente dan sus REGALOS. Quizás lo más maravilloso de todo, al vivir cada uno en la abundancia de Dios, es que todos son libres para reconocer esta Verdad en los demás! Así contemplas un mundo de seres humanos que se expresan plenamente como criaturas de Dios.

Mientras describes esto como tu más profundo reconocimiento del anhelo colectivo espiritual de todos los seres conscientes, permaneces en admiración divina e inhalas la imagen completa del impacto en el planeta cuando cada alma esté espiritualmente despierta a su más alto llamado. Ahora captas el significado el

Extraño misterioso que quiere que entiendas, al mostrarte este escenario. Al dar los 5 REGALOS para una Vida Abundante, estás atestiguando la posibilidad planetaria de tu despertar espiritual multiplicado por millones de millones. Se te ha otorgado la visión de un planeta poblado por almas viviendo con el propósito de ser el Amor Abundante de Dios. ¡Estás en presencia del Cielo en la Tierra!

APÉNDICE

# ORACIÓN Y
# MEDITACIÓN

Las prácticas diarias de oración y meditación tienen por objeto llevarte a la comunión consciente con Dios. Cuando estás conectado activamente con cualquiera de ellas, estás en comunicación con lo Divino en ti y a tu alrededor.

Cada una de estas Llaves del Reino te permite perfeccionar el arte de hablar a Dios (oración) o escuchar a Dios (meditación). En cualquier caso estás deleitando a tu alma en un viaje de regreso a sus orígenes, y alineándote completamente con la Verdad de tu ser. Cuando se practican a diario, te abres a una dimensión de vida que a su tiempo se acepta como el manantial del cual fluye todo lo demás.

## Oración

Muchos de nosotros hemos aprendido alguna forma de comunicación con Dios, pero la mayoría ha aprendido a orar a un Dios que está fuera de nosotros. Usualmente el tono de esa oración es de súplica e imploración. Para nuestros propósitos aquí, cuando se te pide iniciar una práctica diaria de oración durante este viaje a una consciencia de riqueza, te sugiero hagas a un lado esa forma de orar y "pruebes" la idea de la oración afirmativa. Esto es, después de reconocer que sólo hay un sólo Dios y que tú eres una expresión del Uno Único, declara que aquello por lo que haces oración ya es tuyo. Luego, puedes agradecer que tu anhelo ya se manifestó; suelta, y deja a Dios hacer el trabajo.

Tu oración diaria puede incluir algo así:

Hay un Poder Único en el Universo y lo llamo Dios. El Dios que está dentro de las estrellas, la luna, el sol y toda la humanidad, está dentro de mí. Al darme cuenta de que todo lo que Dios tiene es mío, sé que mi cuerpo está completo, lleno de vitalidad, salud y bienestar.

Agradezco que estoy en el bien-estar de lo Divino. Libero esta oración y sé que así es. Amén.

En este simple formato, has afirmado la Verdad de tu ser.

## Meditación

Se ha escrito mucho acerca del poder y las enormes recompensas que se obtienen al tener una práctica diaria de meditación. He listado abajo algunas referencias para ti. Para nuestros propósitos recomiendo especialmente dedicar un "tiempo interior para lo Divino" de 15 a 30 minutos, (preferiblemente en la mañana al levantarte), para que te des cuenta de los pensamientos que corren en tu mente. Al tomar este tiempo para hacerte consciente el contenido de tu consciencia, puedes también darte cuenta que tú no eres eso pensamientos, sino que eres el Pensador.

Como el Pensador tienes dominio para elegir donde poner la atención—ya sea en el tiempo de meditación, o en la vida diaria. Los pensamientos podrían no cesar durante el tiempo dispuesto para entrar al silencio, pero entrenarás tu poder para contemplarlos y mantenerlos quietos, mientras con el oído interior escuchas murmurar a la Pequeña y Quieta Voz, "Tú eres mi Amado, en quien me complazco."

Si eres un principiante, te recomiendo practicar la quietud en un lugar confortable, donde puedas tener la espalda recta. Descruza brazos y piernas (a menos que prefieras estar sobre el suelo con las piernas en posición de loto), coloca tus manos en tu regazo con las palmas hacia arriba o hacia abajo, según sea cómodo para ti. Cierra los ojos y enfoca tu atención en la respiración.

Obsérvala mientras inhalas y exhalas naturalmente a través de la nariz. Sé el observador. Si tu atención se distrae con un pensamiento, regresa, sin pensarlo, gentilmente a tu respiración. Practica esto de 15 a 30 minutos al día y date cuenta de los sutiles cambios que experimentas en tu vida.

La meditación crea desapego y reduce el estrés. Te entrena a oír la Voz de Dios la cual puede ser escuchada en el espacio entre un pensamiento y otro.

## Referencia de Libros sobre Meditación

*Viaje Hacia el Despertar: Libro Guía para un Meditador*, por Ram Dass

*Cómo Meditar: La Aclamada Guía para el Auto Descubrimiento*, por Lawrence LeShan

Además, hay una plétora de CD's, centros de retiro y meditaciones semanales que se ofrecen en todo el mundo.

## Notas en Capítulos

CAPÍTULO 2:
Christian D. Larson, *El Sendero de Rosas*. (Lakewood, CA: Mannahouse Publishing, 1993), p. 236.

CAPÍTULO 3:
De *La Ciencia de la Mente*, por Ernest Holmes, copia 1938 © renovado 1966 por William M. Lynn. Usado con permiso de Jeremy P. Tarcher, impreso por Penguin Group (USA) Inc., p. 194-195.

CAPÍTULO 4:
Alan Cohen, *Una Profunda Respiración de Vida*. (Carlsbad, CA: Hay House, Inc., 1996), Apr. 18.

Del libro *Las Siete Leyes Espirituales del Éxito* © 1994, Deepak Chopra. Reimpreso con permiso de Amber-Allen Publishing, Inc. P.O. Box 6657, San Rafael, Ca 94903. Todos los derechos reservados., p. 88.

Christian D. Larson, *El Sendero de Rosas*. (Lakewood, CA: Mannahouse Publishing, 1993), p. 245-247

CAPÍTULO 5:
Meredith L. Young-Sowers, *Cartas de Mensajeros Angelicales*. (Walpole, NH: Stillpoint Publishing, 1993), p. 90. El texto ha sido extractado con el permiso escrito de Stillpoint Publishing.

CAPÍTULO 6:
Paul Ferrini, *Los Doce Pasos del Perdón*. (Greenfield, Ma: Heartways Press, 1991), p. 14.

CAPÍITULO 7:
Joel S. Goldsmith, *El Arte de la Sanación Espiritual*. Copyright © 1959 por Joel S. Goldsmith.

Reimpreso con permiso de Harper Collins Publishers Inc., p. 142, 143, 145.

Catherine Ponder, Las Leyes Dinámicas de la Prosperidad. (Camarillo, CA: DeVorss & Company, 1985), p. 175.

CAPÍTULO 8:
Eckhart Tolle, *El Poder del Ahora*. Copyright © 1999. Usado con el permiso de Biblioteca del Nuevo Mundo, Novato, CA 94949, p. 173-174. www.newworldlibrary.com

# Acerca del Autor

Diane Harmony es la fundadora de Universal Harmony Inc., una organización dedicada a empoderar a la población del planeta con el entendimiento espiritual, conocimiento y herramientas para vivir una vida en abundancia, alegría y paz. Es una convincente y compasiva oradora, maestra, autora, consejera espiritual licenciada y ministra ordenada de una filosofía trans-religiosa. Orgullosa madre de 5 hijos, Diane fue bendecida con un verdadero don para comunicar su sabiduría obtenida a través de años de crecimiento personal y auto desarrollo espiritual. Su búsqueda de una Consciencia de Riqueza personal, la llevó a crear un curso transformador sobre el cual se basó este libro. Diane capacita a facilitadores licenciados para enseñar los cursos de ¡5REGALOS para una Vida Abundante! ® alrededor del mundo. Cientos de personas han cambiado su vida al tomar estas clases. Además del curso y el libro de 5REGALOS, Diane ha grabado numerosas audio-cintas y CDs, y ha dado cientos de pláticas sobre los temas de GRATITUD, INTEN-CIONES, PERDÓN, DIEZMO y RENDICIÓN. Ella se siente bien, tanto al dar una conferencia para miles de personas como en la intimidad de un salón de clases. La pasión de Diane por su visión, su integridad al dar sus pláticas y su corazón compasivo, son la fuerza detrás de toda su obra.

Diane vive en el Sur de California sobre un risco que mira al Pacífico desde lo alto. Cuando no pasa el tiempo con sus hijos y nietos, guía grupos a lugares sagrados como Hawai, para nadar con los delfines.

# REGALOS que tú has recibido al dar los 5 REGALOS

Si tienes una historia acerca de cómo practicaste los principios espirituales descritos en este libro para crear una Consciencia de Riqueza en alguna área de tu vida, y te gustaría que tu experiencia se incluyera en un libro futuro, por favor envíala a la dirección o correo electrónico:

www.5GIFTS.com

Universal Harmony House
2658 Del Mar Heights Rd. #199
Del Mar, CA 92014